우리 곁에서 사라져 가는

멸종위기
야생동물

국립생태원

국립생태원은 사람과 자연이 함께 살아갈 수 있는 환경을 만들기 위해 연구, 교육 전시를 담당하는 기관입니다.
국립생태원은 사람이 머무는 모든 곳이 자연을 배우는 교실이 되기를 바랍니다.
자연이 우리의 미래가 되기를 바라는 마음으로, 소중한 생태 정보와 이야기들을 다양한 책으로 만들고 있습니다.

소소한소통

세상의 모든 정보를 '쉽게' 만들어 가는 사회적기업.
정보에 소외된 사람들의 알 권리를 위해 다양한 콘텐츠를 만들고 있습니다.
일상의 소소한 순간까지 소통의 어려움이 없는 삶을 꿈꿉니다.

일러두기

- 이 책은 2020년 11월에 국립생태원에서 발행한 『우리가 꼭 알아야 할 멸종위기 야생생물 I』, 『우리가 꼭 알아야 할 멸종위기 야생생물 II』 책의 내용 중 일부를 뽑아서 만들었습니다.
- 쉬운 정보가 필요한 분들의 이해를 돕기 위해 문장을 쉽게 풀어 쓰고 단어를 쉽게 바꿔서 사용하였습니다.

우리 곁에서 사라져 가는

멸종위기 야생동물

글·그림 **소소한소통**
엮음 **국립생태원**

국립생태원
NIE PRESS

순서

동물이 사라지고 있어요!   6

꽃사슴이라는 별명을 가진
대륙사슴   8

하늘을 날아다니는 포유류
박쥐   12

좋은 향을 가진
사향노루   16

헛개나무를 키우는
산양   20

물속의 질서를 관리하는
수달   24

조용한 사냥꾼
한국표범   28

우리나라 사람이 가장 좋아하는 동물
아무르호랑이   32

귀여운 얼굴로 멧돼지를 잡아먹는
담비   36

작지만 강한
무산쇠족제비   40

둥지를 가로채서 사는
하늘다람쥐   44

	긴 부리로 물을 휘휘 젓는 **저어새**	48
	살아 있는 동물을 사냥하는 새 **참수리**	52
	행운을 가져다주는 **황새**	56
	잡아먹히지 않기 위해 둥지를 떠나는 **검은머리갈매기**	60
	봄이 온 것을 알려 주는 **금개구리**	64
	하늘소 중에 가장 몸집이 큰 **장수하늘소**	68
	똥을 굴려 자연을 청소하는 **소똥구리**	72
	개미들과 함께 사는 **쌍꼬리부전나비**	76
	평생을 물속에서 사는 **물거미**	80
	우리나라에만 살고 있는 **참달팽이**	84

왜 야생동물의 멸종을 막아야 할까요?　88
동물의 몸길이　90

동물이 사라지고 있어요!

이 책에 나오는 동물은 모두 멸종위기에 놓여 있습니다.
멸종위기란 동물 등이 죽어
사라질 위험에 처한 것을 말합니다.

우리 주변에도 멸종위기 동물이 많습니다.
우리가 관심을 갖지 않으면 다시는 볼 수 없게 될지도 모릅니다.

이미 많은 동물이 사라져 버렸지만,
우리가 지금이라도 노력하면 지킬 수 있는 동물들이 있습니다.

동물이 얼마큼 위험에 처해 있는지
얼마나 보호가 필요한지에 따라 등급을 나눴다고 해요.
'멸종위기등급'으로 등급을 나눠서
동물들이 사라지지 않도록 관리하고 있어요.

멸종위기 등급	쉬운 멸종위기 등급	
절멸	완전 멸종	이미 완전히 죽어 사라졌어요.
야생 절멸	야생 멸종	산, 숲, 바다 등 자연에서는 모두 사라졌어요.
지역 절멸	특정 지역 멸종	특정 지역에서는 모두 사라졌어요.
위급	아주 높은 멸종 가능성	사라질 위험이 매우 커요.
위기	높은 멸종 가능성	사라질 위험이 커요.
취약	높은 위기	사라질 수 있으니 잘 지켜야 해요.
준위협	낮은 위기	사라질 수 있으니 조심해야 해요.
관심 대상	관심 대상	사라지지 않도록 관심을 가져야 해요.

꽃사슴이라는 별명을 가진

대륙사슴

완전 멸종	야생 멸종	**특정 지역 멸종**	아주 높은 멸종 가능성	높은 멸종 가능성	높은 위기	낮은 위기	관심 대상

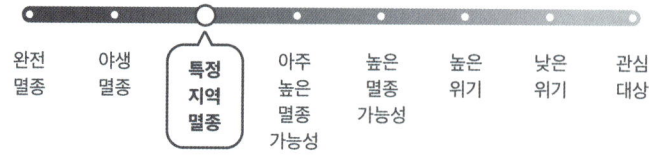

대륙사슴의 몸 여기저기에 흩어져 있는 흰색 점들은 겨울보다 여름에 더 선명하게 나타나요. 흰색 점 모양이 멀리서 보았을 때 매화나무의 꽃잎 모양과 닮아서 매화사슴, 꽃사슴이라는 별명이 있어요.

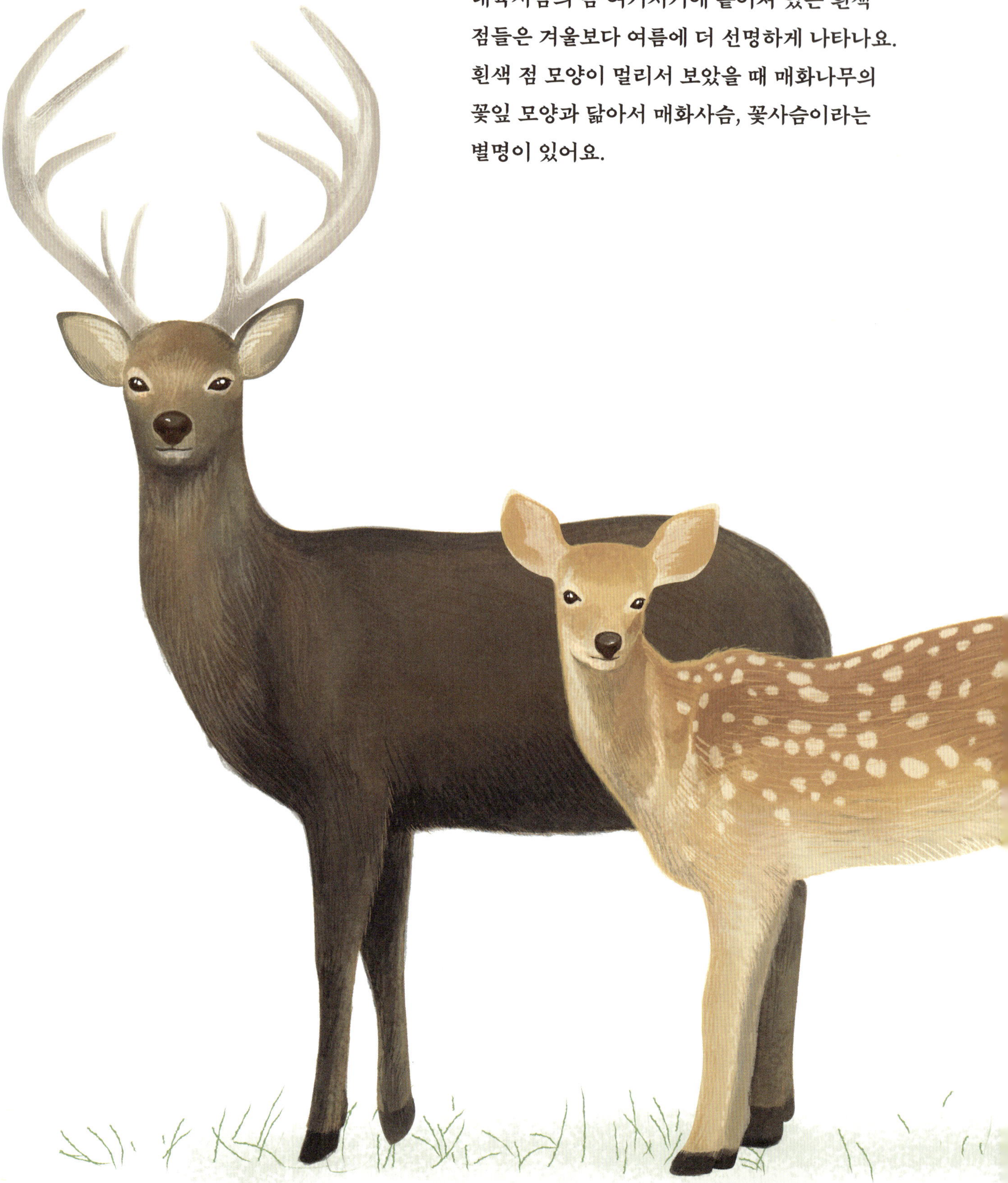

생김새 여름에는 연한 갈색 털, 겨울에는 밤색 털이 나요.
귀가 크고, 엉덩이에 흰색 털이 나 있어요.

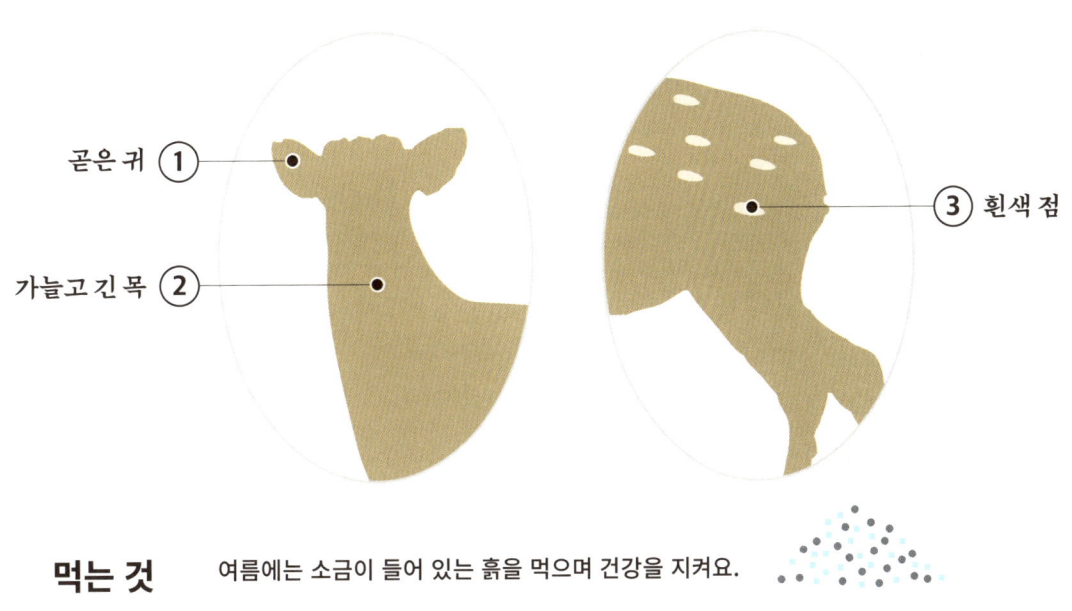

곧은 귀 ①
가늘고 긴 목 ②
③ 흰색 점

먹는 것 여름에는 소금이 들어 있는 흙을 먹으며 건강을 지켜요.

풀　　　버섯　　　도토리

나무껍질　　　나뭇잎　　　이끼

사는 곳 예전에는 한반도˚ 어디서나 볼 수 있었지만 지금은 북한에서만
볼 수 있다고 해요. 남한에서는 볼 수 없어요. 중국과 베트남,
대만까지 아시아 지역에 넓게 퍼져 살고 있대요.

• **한반도**: 남한과 북한의 땅

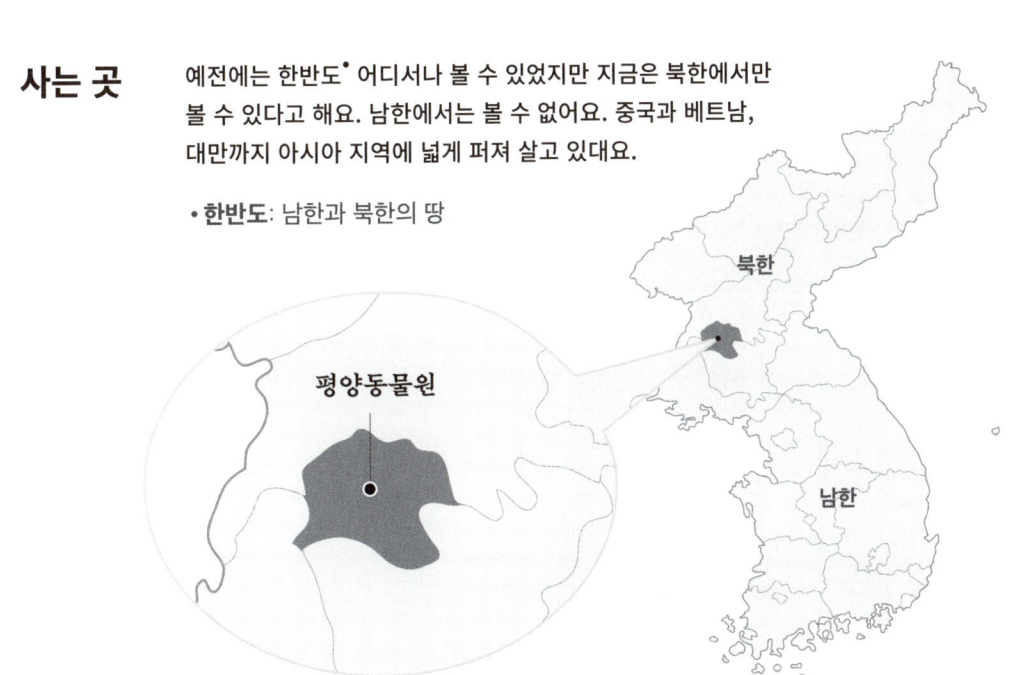

평양동물원

북한

남한

힘 있는 수컷이 암컷에게 선택받아요

수컷은 뿔이 있고 암컷은 뿔이 없어요.
수컷은 암컷보다 몸집이 커요. 다 자란 수컷은 뿔이 크고 튼튼해요.
수컷들은 암컷에게 선택받기 위해 뿔을 이용해 싸워요.
싸우다가 날카로운 뿔에 배가 찔려 죽는 경우도 있어요.

뿔이 빠지고 다시 자라요

수컷 대륙사슴은 봄이 되면 뿔이 빠져요.
나이가 들수록 뿔이 더 빨리 빠진대요.
새로 나온 뿔은 94~154일 동안 자라요.
뿔이 새로 자란 수컷은 암컷이 모인 곳에
가서 어른 수컷을 모두 몰아내요.

대륙사슴을 다시 만나기 위해 노력해야 해요

일본이 우리나라를 지배하던 시절이 있었어요.
사람들에게 피해를 준다는 이유로 일본 사람들이
표범, 곰, 늑대, 호랑이 등을 죽였어요.
그런데 이런 동물들이 잘 안 잡히니 일본에 그냥
돌아갈 순 없어서 대륙사슴을 대신 잡았어요.
이때 일본 사람들이 대륙사슴을 너무 많이 잡아
멸종위기 동물이 되었어요.

사라진 대륙사슴을 다시 살리려면 중국, 러시아, 북한
등에 있는 대륙사슴을 데려와야 해요. 하지만 동물이 걸리는
전염병 때문에 데려오기 어렵다고 해요.

하늘을 날아다니는 포유류
박쥐

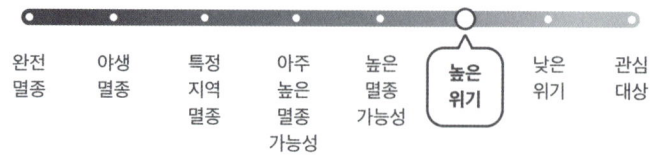

박쥐가 밤에 활동하는 것을 보고 우리 조상들은 박쥐가 눈이 엄청 좋을 거라고 생각했대요. 그래서 '밤눈이 밝은 쥐', '밤쥐'라고 부르다가 이름이 '박쥐'가 되었을 거라는 이야기가 있어요.

토끼박쥐

생김새 다리와 연결된 발가락이 5개 있어요. 생김새가 쥐와 비슷해 보이지만
쥐보다는 고슴도치와 더 가깝대요.

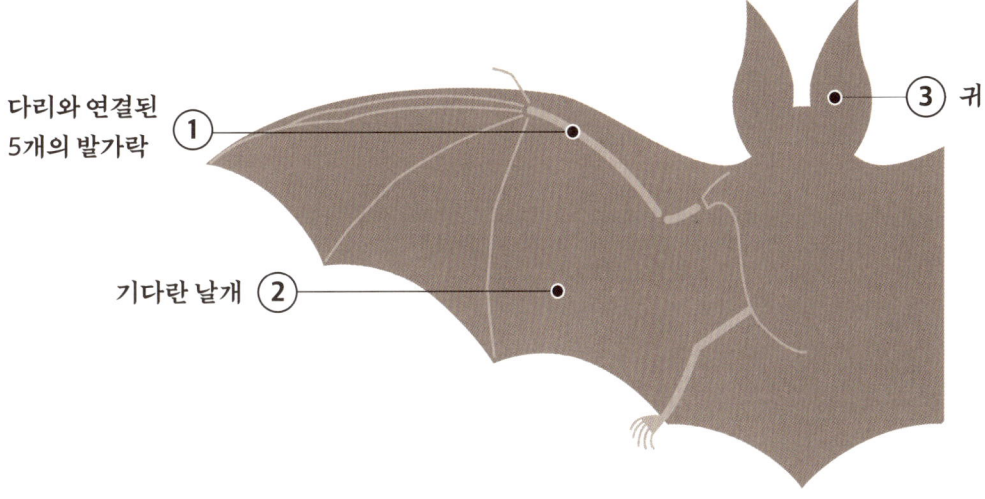

먹는 것 박쥐는 종류가 많아서 먹는 것도 다양해요.
하루에 모기를 2천 마리 먹는 박쥐도 있대요.

사는 곳 박쥐는 세계적으로 1,200개가 넘는 종류가 있는데 종류마다 사는 곳이 달라요.
동굴처럼 어두운 곳에 주로 살지만
바위틈, 건물 등 다양한 곳에서 잠을 자고 휴식을 취해요.

사회생활을 잘해요

박쥐는 여럿이 함께 휴식을 취하거나 겨울잠을 자요.
함께 살며 체온을 지키고 먹이를 나눠 먹기도 해요.
겨울잠 자기 좋은 곳을 서로 공유하고
새끼를 함께 키우기도 하고요.

초음파를 사용해요

초음파는 사람의 귀로 들을 수 없는 소리를 말해요. 박쥐는 초음파를 들을 수 있고, 초음파를 이용해 먹이를 찾아다녀요. 짝짓기 신호를 보내거나 위험한 상황을 찾기도 하고요.

빼앗긴 박쥐의 집을 다시 찾아 줘야 해요

박쥐는 주로 숲이나 어두운 동굴에서 살아요. 동굴은 점점
사라져 가고, 기후 변화 때문에 숲에서도 살기 어려워졌어요.
편안하게 지낼 곳이 없어져서 박쥐가 점점 줄어들고 있대요.

사라진 박쥐를 다시 살리려면 박쥐가 편안하게
살 수 있는 곳을 만들어야 해요.
숲과 동굴을 안전하게 지키거나 박쥐 집을 만들어 주는 거죠.
또, 기후 변화를 줄이기 위한 노력도 필요해요.

좋은 향을 가진
사향노루

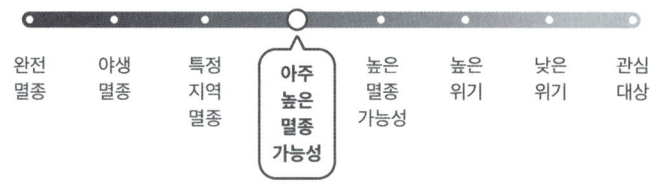

사향노루는 좋은 향을 가졌어요. 사향노루의
몸에 있는 사향주머니에서 나는 향인데,
그 향은 누구든 돋보이게 만들어 주는
아주 좋은 향이래요.

생김새 수컷의 송곳니는 커서 잘 보이고, 암컷의 송곳니는 작아서 잘 안 보여요.
눈에서부터 목을 지나 앞가슴까지 흰 줄이 있어요.

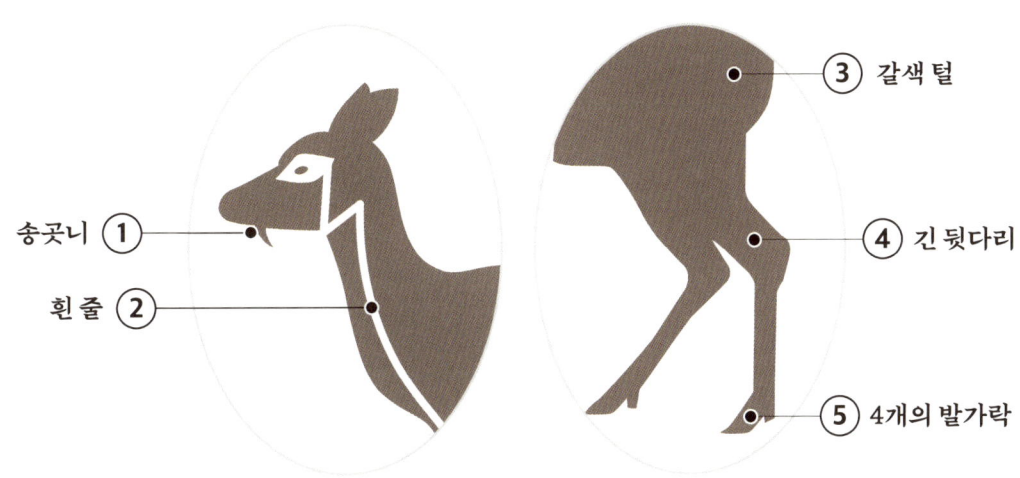

① 송곳니
② 흰 줄
③ 갈색 털
④ 긴 뒷다리
⑤ 4개의 발가락

먹는 것 주로 이끼를 먹어요. 겨울에는 소나무, 잣나무의 가느다란 나뭇가지를 먹기도 해요.

가느다란 나뭇가지

나뭇잎

이끼

연한 풀

사는 곳 사향노루는 바위와 이끼가 많은 곳을 좋아해요.
가끔 땅이 평평한 산속이나 계곡에서 살기도 해요.

강원도

전라북도

경상남도

전라남도

좋은 향을 뿌리며 살아요

어른이 된 수컷의 배꼽 근처에는 사향주머니가 있어요.
달걀 모양의 이 주머니에서 강하고 짙은 향이 나요.
특히 번식기*에는 다른 때보다 향기가 더 멀리, 짙게 퍼지는데
암컷을 유혹하기 위해 향을 나뭇가지나 바위 등에 문지른대요.

• **번식기**: 동물이 짝짓기, 출산 등을 하는 시기

겁이 많아요

사향노루는 눈도 좋고 귀도 밝아요.
또 겁이 많아 조금이라도 이상한
소리가 나면 바로 도망쳐 바위 뒤에
숨어요. 사람을 보면 도망치는데
갑자기 놀랐을 때는 "케게-켁, 켁"
소리를 내며 울어요.

멸종위기에 처한 사향노루를 다시 살리기 위해 많은 연구가 필요해요

사람들이 한약재나 향수를 만들기 위해 사향노루를 죽여 사라지게 되었어요. 지금 사향노루는 정말 적은 수가 겨우겨우 살아가고 있어요. 지금 우리나라에는 사향노루가 30마리도 없는 상황이에요.

사라진 사향노루를 다시 살리려면 먼저 사향노루가 얼마나 살고 있는지 정확히 확인해야 해요. 또한, 위험한 지역에 살고 있는 사향노루를 잡아 다른 지역에서 새끼 낳으며 살 수 있는 방법을 연구해야 하고요.

헛개나무를 키우는

산양

완전 멸종 | 야생 멸종 | 특정 지역 멸종 | 아주 높은 멸종 가능성 | **높은 멸종 가능성** | 높은 위기 | 낮은 위기 | 관심 대상

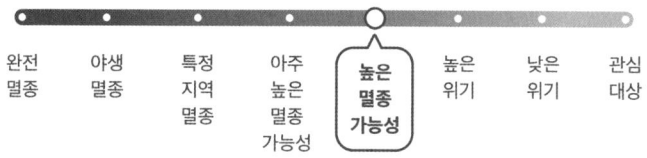

산양의 이름은 '숲속에 사는 작은 양'이라는 뜻을 갖고 있어요. 낮은 땅이 아닌 높은 산에 주로 사는 양이라서 산양이라고 부른대요.

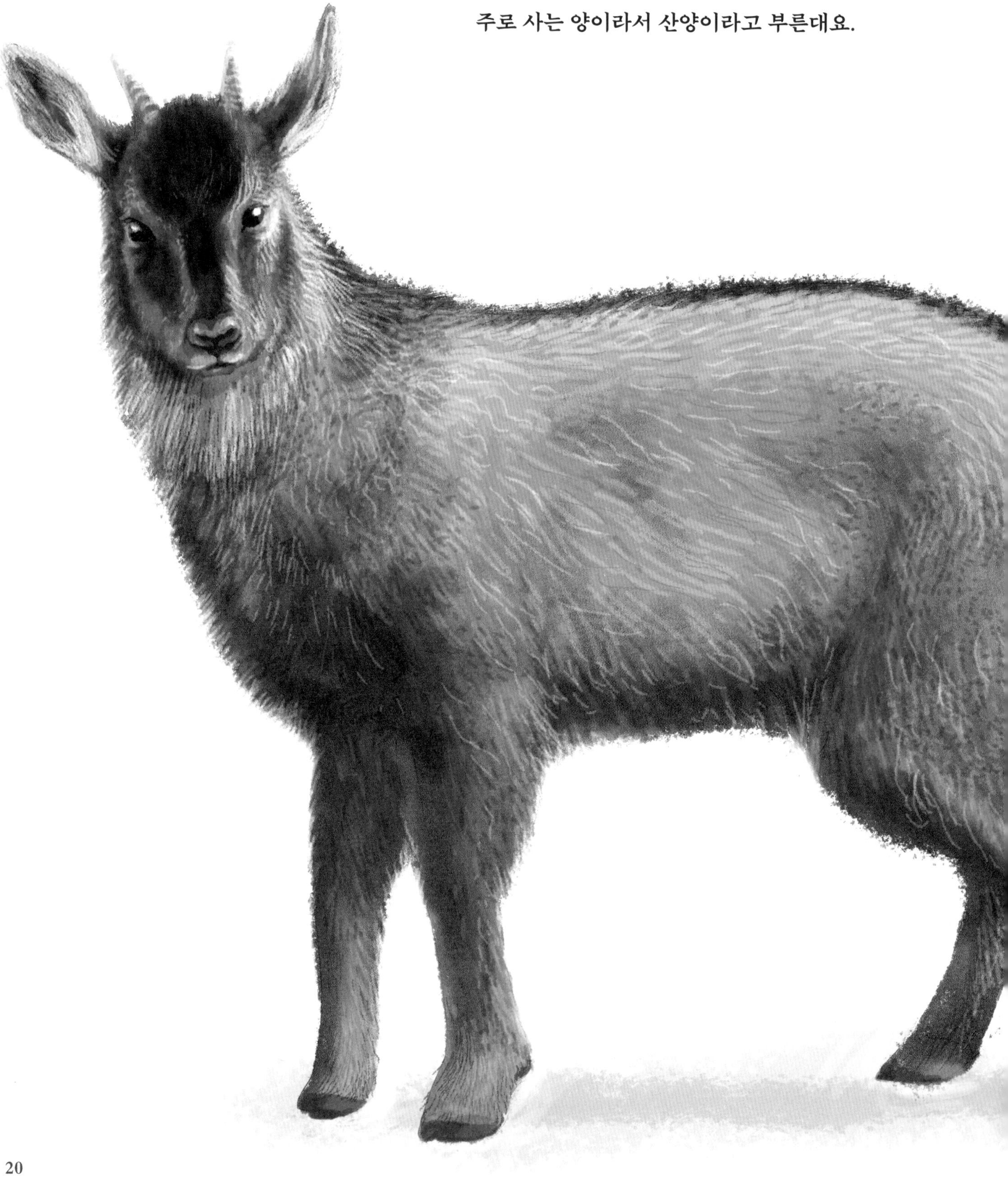

생김새 털은 밝은 회색이나 붉은 갈색이고 뒤통수부터 꼬리까지 이어지는 검은 선이 있어요.

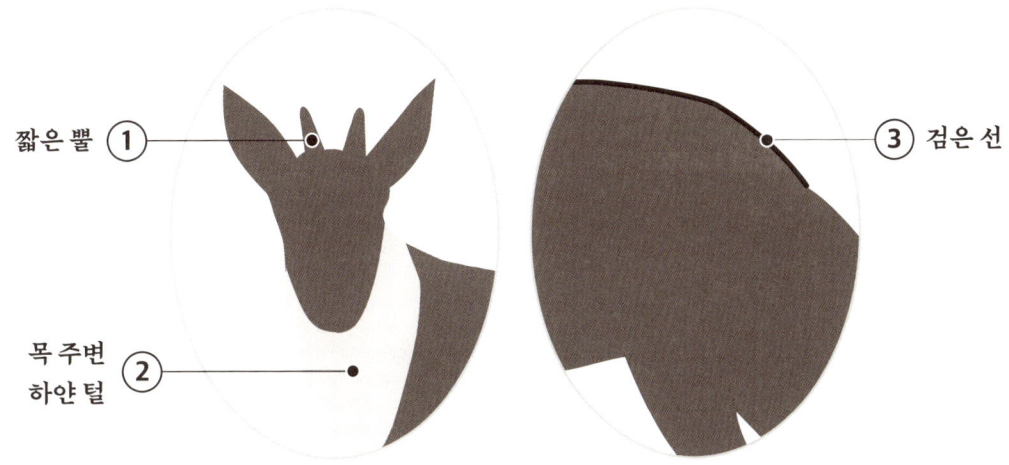

짧은 뿔 ① 　　　 ③ 검은 선

목 주변 하얀 털 ②

먹는 것 나무껍질, 나뭇잎, 이끼, 풀을 먹어요. 설악산에 사는 산양은 낙엽을 먹기도 해요.

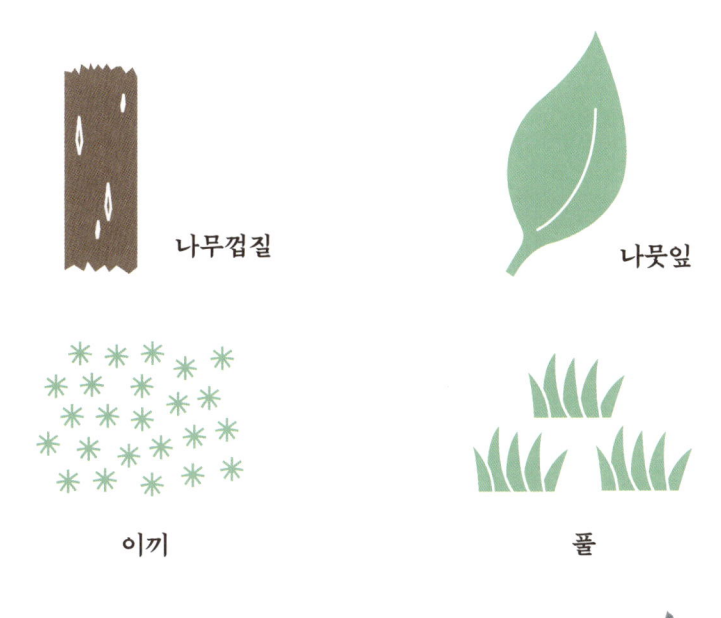

나무껍질　　나뭇잎

이끼　　풀

사는 곳 높은 산의 험한 바위 끝에 살아요. 이른 아침이나 저녁에 숲속으로 들어가 풀을 뜯고 밤에는 안전한 보금자리로 돌아가 잠을 자요.

헛개나무를 키워요

산양의 똥을 반으로 갈라 보면 헛개나무 씨앗이 가득해요. 헛개나무 열매는 단맛이 강하고 향이 좋은데요. 겨울철 먹이가 부족할 때 산양이 헛개나무 열매를 즐겨 먹어요. 산양의 똥에 있는 씨앗에서 헛개나무가 자라나요.

산양은 건강한 산에 살아요

높고 험한 산에 사는 대표적인 동물이에요. 산양은 건강한 산에서만 살기 때문에 산양이 살고 있는 산은 건강한 산이에요. 튼튼한 발굽이 두 갈래로 갈라져 있어서 높은 바위를 빠르게 올라갈 수 있어요.

건강한 산을 산양에게 다시 돌려줘야 해요

아주 오래전 강원도에 눈이 많이 내렸어요. 눈 때문에 오갈
데 없이 갇힌 산양을 사람들이 때려잡았어요. 눈에 빠져
허우적대다가 그 자리에서 벗어나지 못해 혼자 죽기도 했고요.
그 뒤로도 고기를 얻고 한약재를 만들기 위해 사람들이 산양을
마구 잡았대요. 산양이 살던 곳에서 사람들이 농사를 짓고
가축을 키워서 산양이 살 곳이 사라졌어요.
1980년대까지만 해도 전국 어디서나 볼 수 있던 산양이
지금은 강원도, 경상도 등에만 살고 있대요.

1990년대에 충청북도에 있는 월악산에 22마리의 산양을
놔줬는데, 어느새 새끼를 낳아 100마리가 넘게 되었대요.
깨끗한 자연환경에서 산양이 잘 살 수 있다는 것이 확인된 거죠.
더 많은 산양이 편안하게 살 수 있도록 자연에 놔주고
자연이 오염되지 않도록 노력해야 해요.

물속의 질서를 관리하는

수달

완전 멸종 | 야생 멸종 | 특정 지역 멸종 | 아주 높은 멸종 가능성 | 높은 멸종 가능성 | **높은 위기** | 낮은 위기 | 관심 대상

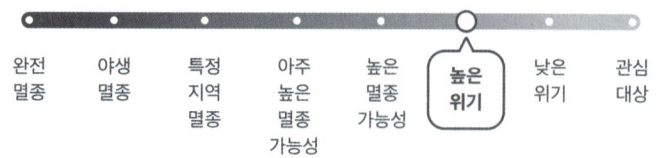

수달과 해달을 헷갈리는 사람이 많아요. 수달은 엎드려서 수영을 하고 이빨로 물고기를 씹어 먹어요. 해달은 누워서 수영을 하고 조개를 돌로 깨서 먹어요. 우리나라에는 해달은 없고 수달만 살고 있어요.

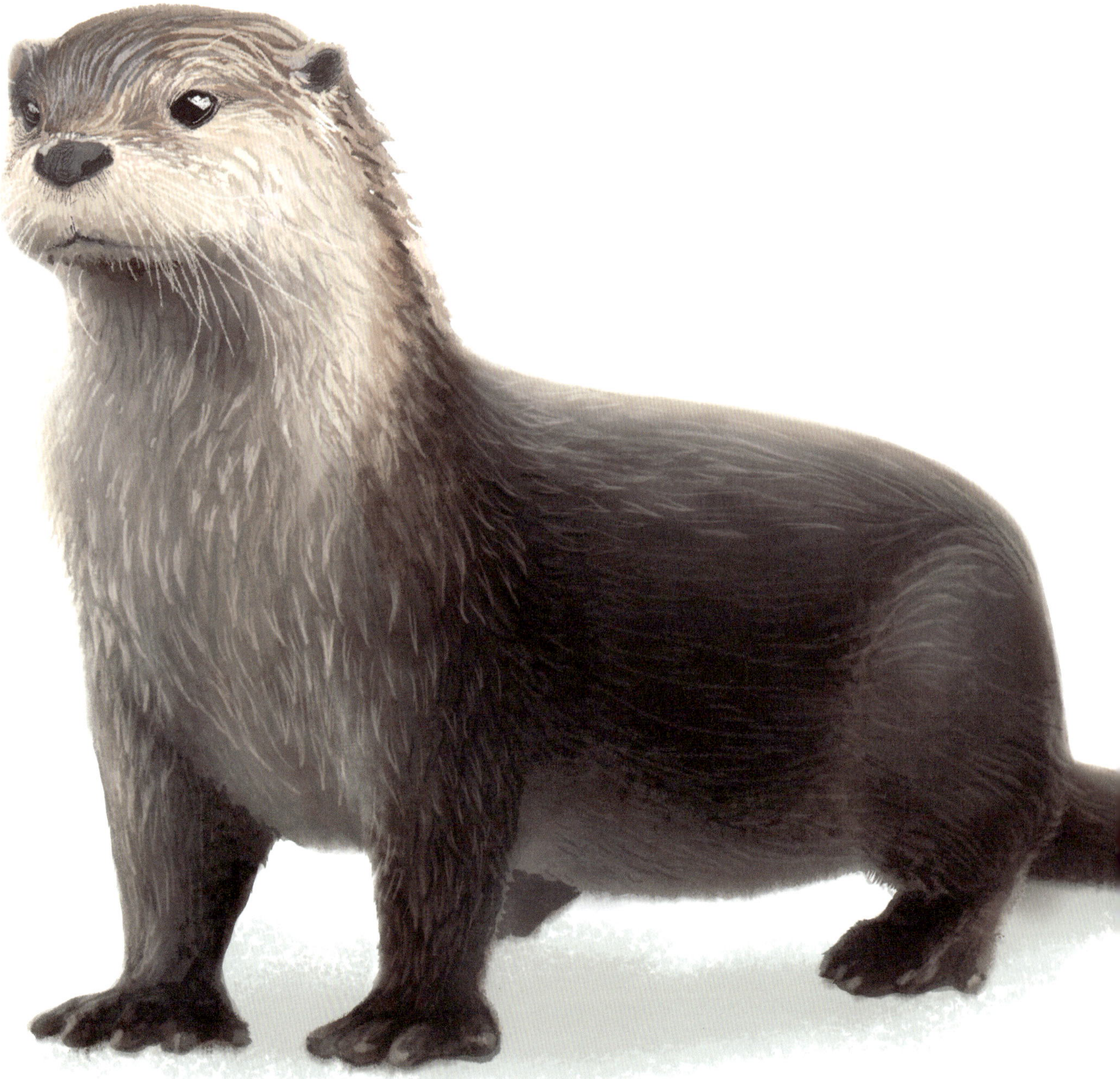

생김새 목이 짧고 둥글둥글한 코, 생김새가 귀여워요.

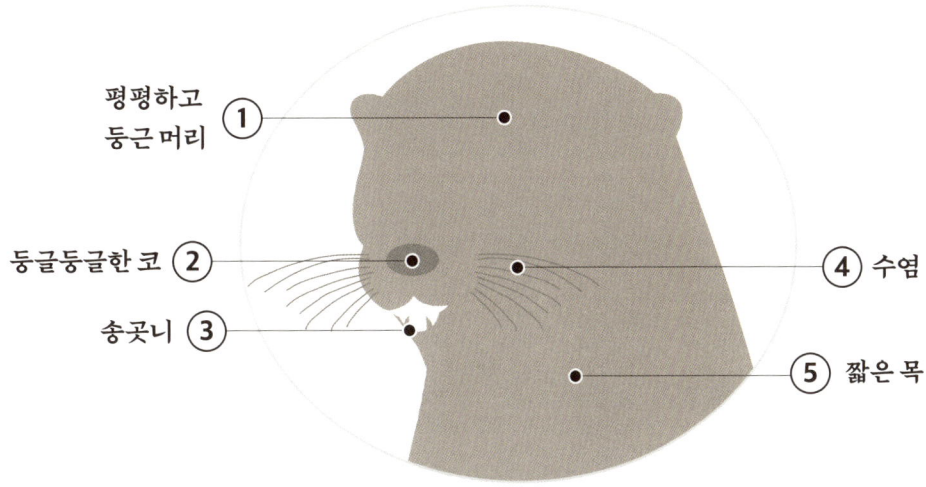

- 평평하고 둥근 머리 ①
- 둥글둥글한 코 ②
- 송곳니 ③
- ④ 수염
- ⑤ 짧은 목

먹는 것 물고기를 가장 많이 먹는데, 메기, 미꾸라지처럼 비늘이 없고 작은 물고기를 좋아해요.

미꾸라지 쥐
메기 물새

사는 곳 호수, 연못, 작은 강 등에 살아요. 그중 땅과 물이 함께 연결된 물가를 가장 좋아해요. 부드러운 흙이 덮인 나무뿌리나 바위틈 구멍을 긁어 쉴 곳을 만들기도 하고요.

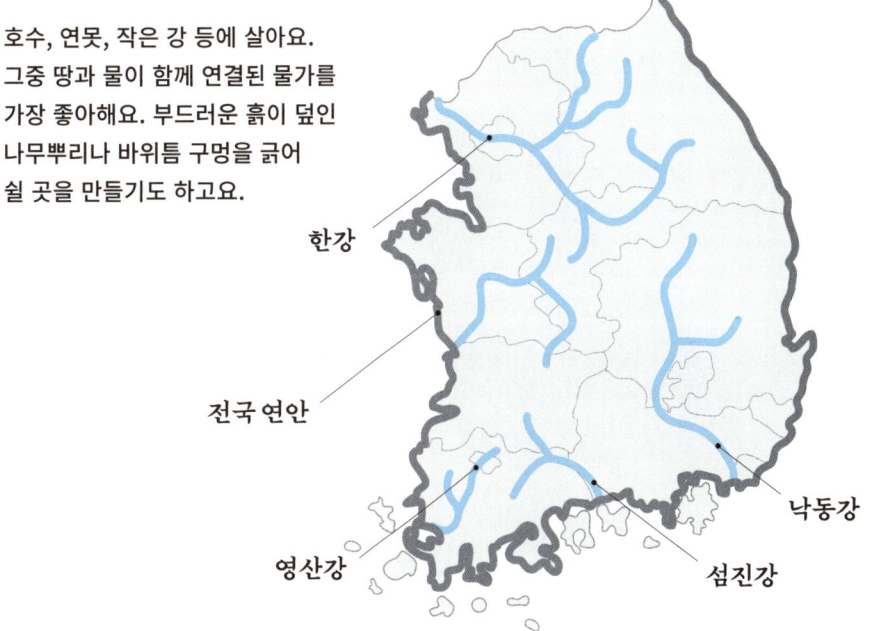

- 한강
- 전국 연안
- 영산강
- 섬진강
- 낙동강

25

털이 수달을 지켜 줘요

수달의 털은 겉 털과 속 털이 달라요.
겉 털은 몸이 젖지 않도록 도와주고 속 털은 몸의 온도를 지켜 줘요.
물에서 나오면 몸을 흔들어 물기를 털어 내요.
풀이나 해초 위에 몸을 비비거나 이빨과 혀, 앞발로 털을 손질해요.

육지와 물속을 자유롭게 왔다 갔다 해요

땅과 물에서 모두 잘 살 수 있는 수달은
물속 생활에 알맞은 특징을 가졌어요.
짧은 4개의 다리, 발가락 사이의 물갈퀴가
수영을 잘하도록 도와줘요. 특히 기다란 꼬리는
물속에서 자유롭게 움직이도록 도와줘요.

수달이 잘 살 수 있는 하천이 필요해요

사람들이 강과 시내 같은 하천을 개발하면서 주변을 콘크리트로 덮었어요. 오염된 물이 하천으로 흘러들고, 하천 생태계가 오염되면서 수달이 사냥을 하고 새끼를 기르며 살기가 힘들어졌어요. 사람들이 버린 그물에 걸려 죽기도 하고 강과 강 사이를 이동하다 교통사고로 죽기도 해요.

수달과 함께 살기 위해서는 하천의 물이 깨끗해져야 하고, 새끼를 낳고 기를 수 있는 환경이 만들어져야 해요. 또한 수달이 안전하게 도로를 건널 수 있는 방법도 만들어야 하고요. 아직 많은 연구와 노력이 필요해요.

조용한 사냥꾼
한국표범

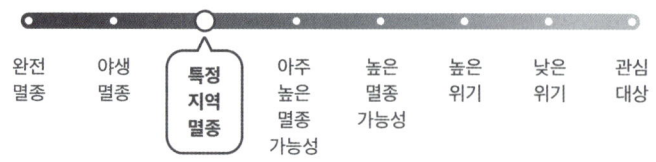

완전 멸종 | 야생 멸종 | **특정 지역 멸종** | 아주 높은 멸종 가능성 | 높은 멸종 가능성 | 높은 위기 | 낮은 위기 | 관심 대상

표범은 적응을 정말 잘해요. 사막이나 눈이 아주 많이 내리는 지역만 아니면 정글, 초원, 숲, 사바나 등 다양한 곳에서 잘 지낼 수 있어요. 인도에서는 작은 도시 근처에서도 산대요.

생김새 다른 표범보다 색이 옅고 무늬가 듬성듬성 있어요. 꼬리는 몸의 절반 정도로 길고요.

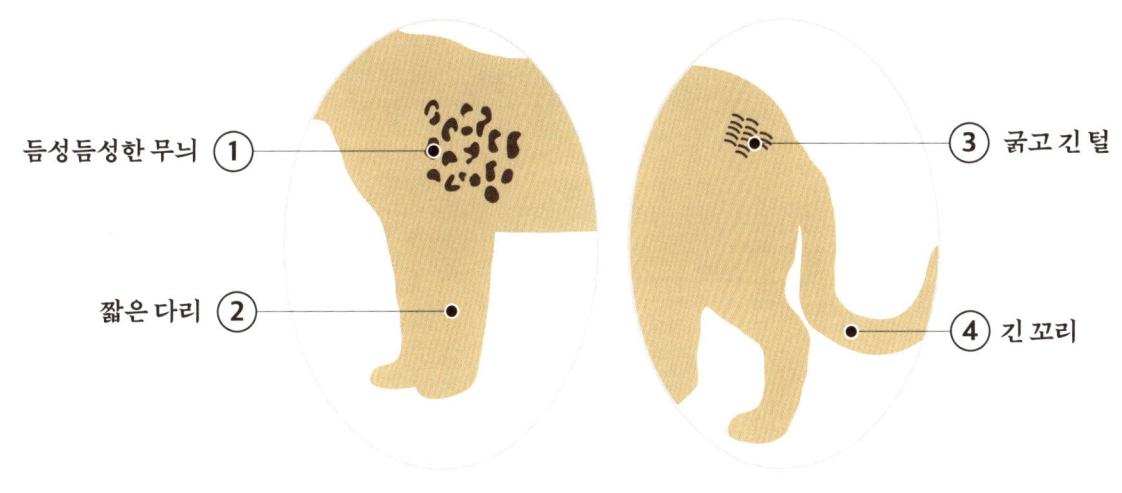

① 듬성듬성한 무늬
② 짧은 다리
③ 굵고 긴 털
④ 긴 꼬리

먹는 것 사슴과 노루를 좋아하지만 토끼와 새 같이 작은 동물도 잡아먹어요.

사슴 토끼 새 오소리

사는 곳 정글, 숲, 높은 산 등에서 살아요. 예전에는 한반도 전 지역에서 살았는데 지금은 중국, 러시아 등에 주로 살고 있대요.

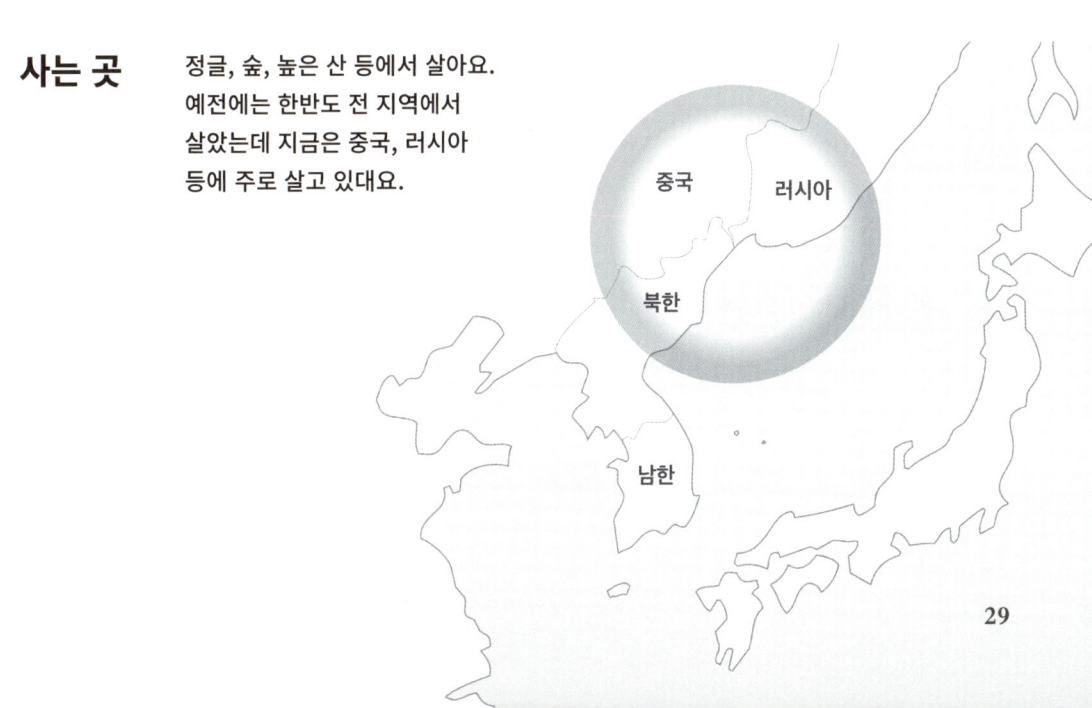

중국 러시아 북한 남한

표범 무늬 　　　　　 재규어 무늬 　　　　　 치타 무늬

무늬로 구분할 수 있어요

표범, 재규어, 치타는 모두 비슷해 보이지만 몸통의 무늬가 모두
달라요. 표범은 매화나무의 꽃 모양과 닮은 무늬를 갖고 있어요.
무늬 덕분에 숲속에서 감쪽같이 숨을 수 있지요.

조용히 사냥해요

혼자 생활하는 것을 좋아하는 표범은 사냥할 때 눈과 귀를 많이 사용해요.
주로 밤에 조용히 다가가 갑자기 목덜미를 무는 방법으로 사냥해요.

표범을 살리기 위해
다른 나라와 함께 힘을 모아야 해요

비싸게 팔리는 가죽을 얻으려고 사람들이 표범을 마구 사냥했어요.
조선 시대에는 표범 가죽이 3년 치 월급만큼 비쌌대요.
조선 시대부터 사람들이 표범을 더 많이 잡기 시작했고
점점 사라지게 되었어요.
여전히 사냥을 하는 사람들 때문에 표범은 살기 어려워요.
산불이 나거나 도로를 만들어 살 곳이 없어지기도 하고요.

표범을 살리기 위해 우리나라와 러시아를 포함한
많은 나라가 힘을 모으고 있어요.
함께 연구하고 힘을 모아 표범을 지켜야 해요.

우리나라 사람이 가장 좋아하는 동물

아무르호랑이

완전 멸종	야생 멸종	**특정 지역 멸종**	아주 높은 멸종 가능성	높은 멸종 가능성	높은 위기	낮은 위기	관심 대상

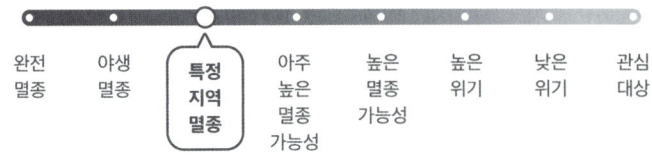

호랑이는 아시아에만 살아요.
우리나라에서는 한국호랑이라고 부르는데,
백두산호랑이, 만주호랑이, 시베리아호랑이 등
다양한 이름으로 불려요.

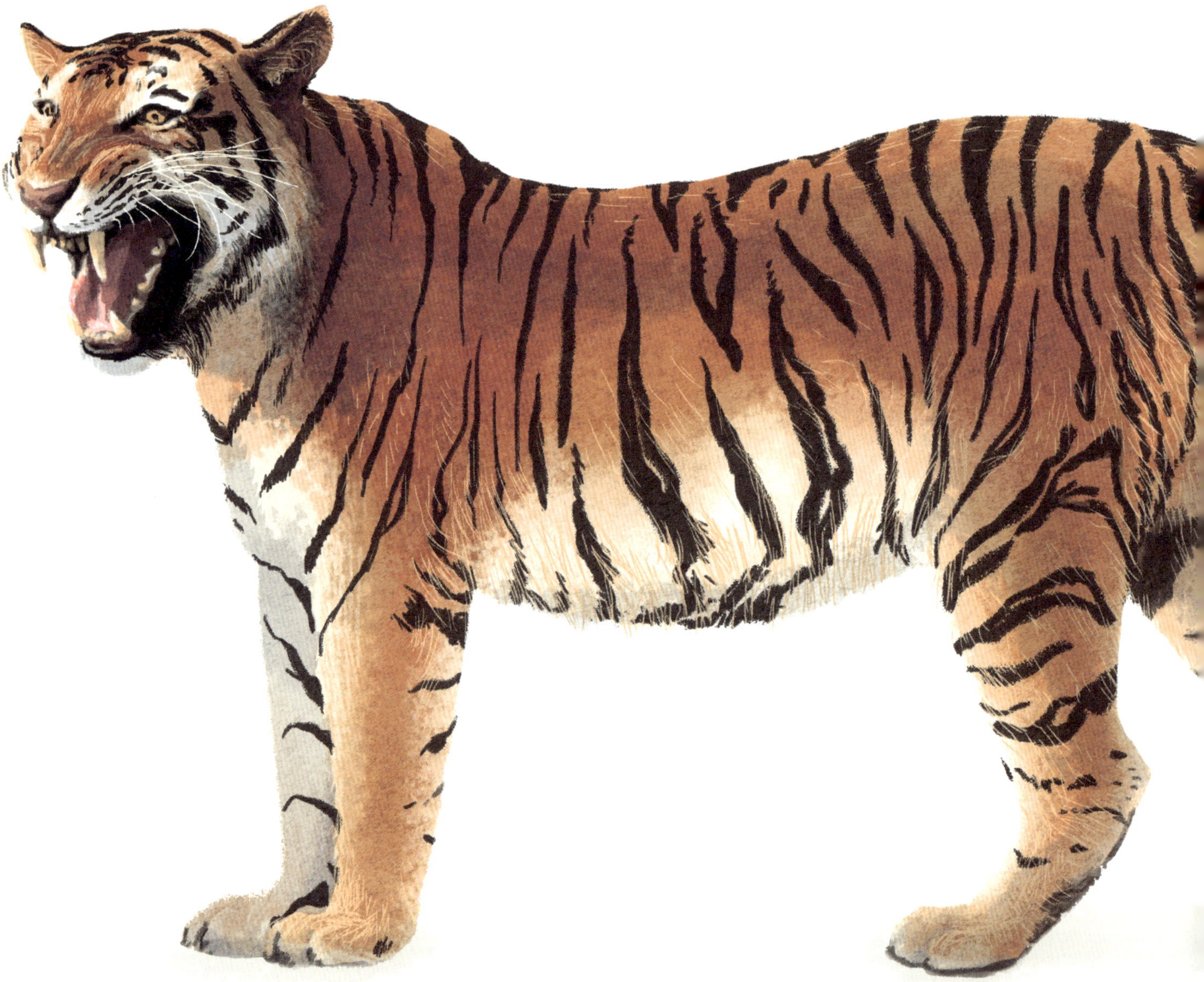

생김새 호랑이마다 무늬가 달라서 무늬로 구분할 수 있어요.
옅은 주황색 털을 가졌는데, 겨울에는 색이 더 옅어져요.

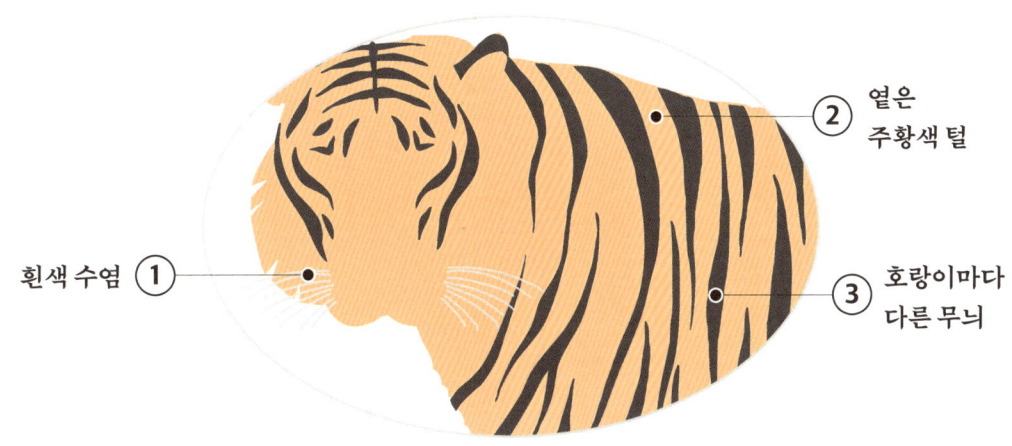

① 흰색 수염
② 옅은 주황색 털
③ 호랑이마다 다른 무늬

먹는 것 어른이 된 호랑이는 1년에 큰 사슴 70마리 정도를 먹는다고 해요.

오소리
너구리
사슴
멧돼지

사는 곳 깊은 산속에서 살아요. 자신이 사는 곳에 다른 호랑이가 오지 못하도록 나무에 발톱 자국을 내거나 몸을 비벼 털과 냄새를 남겨요.

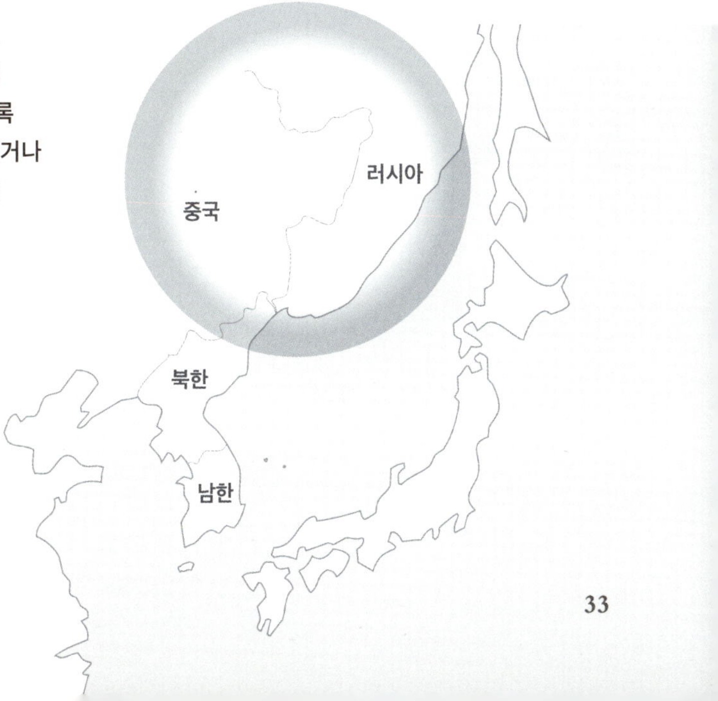

중국 러시아 북한 남한

사람들에게 친근한 동물이에요

호랑이는 특별한 동물이에요. 우리나라가 처음
생겼을 때부터 동물의 왕으로 불리면서 곁에 있었거든요.
동화책이나 동요의 주인공으로 자주 나왔고,
우리나라 국민이 가장 좋아하는 동물 1위로 뽑히기도 했어요.

다른 나라에서도
호랑이가 사라졌어요

우리나라뿐 아니라 다른 나라에서도
사람들이 호랑이를 마구 잡았어요.
러시아에는 1천 마리의 호랑이가 살았는데
1년에 120~180마리의 호랑이가 죽었어요.
중국에서도 호랑이를 아주 많이 사냥했고요.
북한의 호랑이도 많이 사라졌지만
백두산에 가끔 호랑이 발자국이 보인대요.

호랑이가 지낼 수 있는 넓은 산을 지켜 줘야 해요

한반도에 넓게 퍼져 살던 호랑이는 조선 시대부터 살기 힘들어졌어요. 농사를 짓기 위해 땅을 일구면서 호랑이가 살 곳이 없어진 거죠. 그런데 일본이 우리나라를 지배하는 시대가 되면서 호랑이는 더 살기 힘들어졌어요. 호랑이가 사람에게 피해를 준다는 이유로 사냥을 했거든요. 이때 사냥으로 죽은 호랑이가 141마리나 돼요. 결국 1924년 강원도에서 잡힌 호랑이가 우리나라의 마지막 호랑이예요.

호랑이가 사람에게 피해를 준다고 생각하는데, 사실 호랑이는 사람을 만나면 먼저 피한다고 해요. 오히려 멧돼지를 잡아먹는 호랑이 덕에 멧돼지로 인한 농작물 피해를 줄일 수 있어요. 호랑이를 보호하기 위해서는 호랑이가 안전하게 지낼 곳을 지켜 줘야 해요. 호랑이를 위해 넓은 산과 숲을 지키다 보면 그 안에서 다른 동물도 함께 잘 살 수 있어요.

귀여운 얼굴로 멧돼지를 잡아먹는
담비

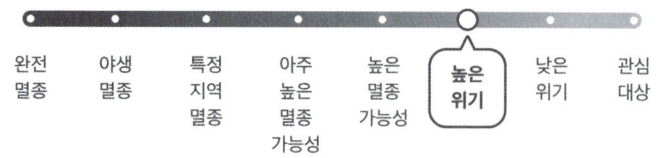

담비는 눈앞에 꿀, 고기, 과일이 있으면 꿀을 가장 먼저 먹는대요. 꿀을 너무 좋아해서 중국에서는 담비를 꿀 먹는 개라고도 불러요. 말벌은 꿀을 만드는 꿀벌의 천적인데, 담비가 말벌을 많이 잡아먹어서 꿀벌이 계속 꿀을 만들 수 있대요.

생김새 머리, 엉덩이, 꼬리, 다리는 검은색이고, 몸통은 노란색이에요.
앞발과 뒷발에 날카로운 발톱이 있어요.

작은 귀 ①
② 긴 꼬리
③ 기다란 몸

먹는 것 담비는 동물, 곤충, 과일, 새알, 꿀 등 모든 것을 잘 먹고, 심지어 고라니도 잡아먹어요.
이 중 꿀을 가장 좋아하고, 주로 먹는 과일은 다래, 감, 머루 같은 달콤한 과일이에요.

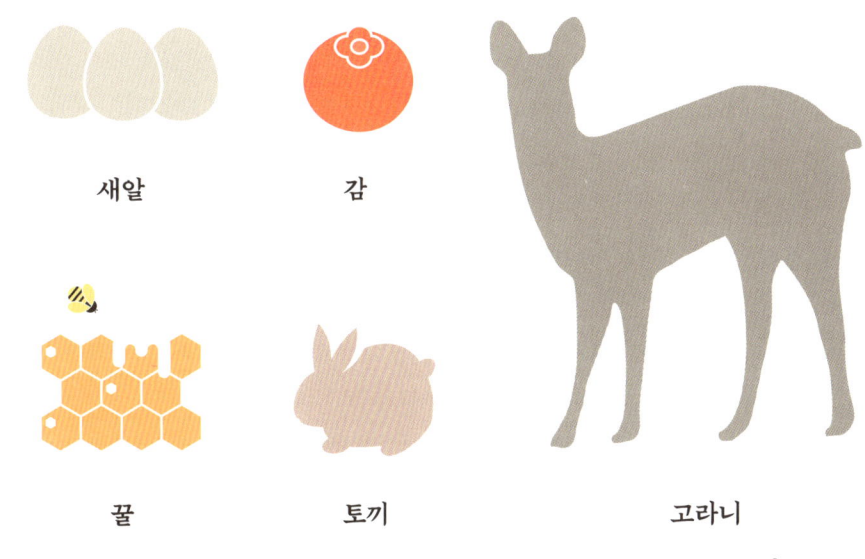

새알   감

꿀   토끼   고라니

사는 곳 산 여기저기를 돌아다니며 사는데 주로
큰 산과 연결된 숲에 살아요. 백두대간*,
국립공원과 같이 큰 산에서 담비를
만날 수 있어요.

* **백두대간**
백두산에서 지리산까지
이어지는 한반도의 가장
크고 긴 산줄기

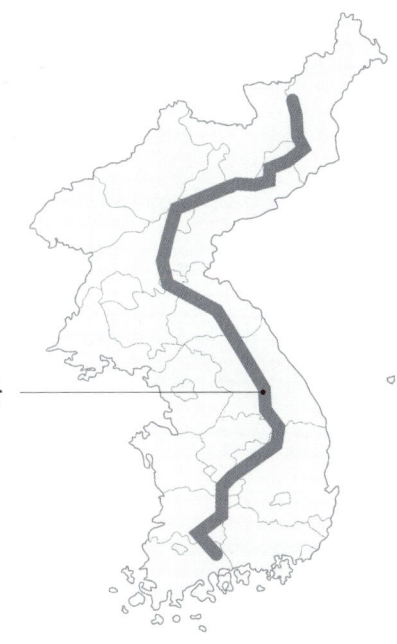

백두대간

빠른 다리로 나무를 타며 사냥을 해요

담비는 행동이 매우 빠르고 나무를 잘 타요. 호랑이의 공격을 피할 수 있을 정도예요. 담비는 주로 청설모, 산토끼, 노루, 어린 멧돼지를 사냥해요. 2~3마리의 담비가 힘을 모아 자신보다 훨씬 큰 고라니와 노루를 공격해요. 나무를 잘 타는 청설모도 담비한테는 꼼짝없이 당해요.

낮에 활동하며 멀리 돌아다녀요

사냥하는 동물들은 주로 밤에 활동하는데 담비는 낮에 활동해요. 좋아하는 과일을 맛있게 먹기 위해 과일이 잘 익었는지 환한 낮에 확인하는 거죠. 또한 맛있는 과일과 꿀을 찾기 위해 엄청 멀리 돌아다닌다고 해요.

담비와 함께 살 수 있어요

산과 숲이 망가져서 담비가 살 수 있는 곳이 줄어들었어요.
낮에 활동하는 담비는 주말에 등산하는 사람들 때문에
스트레스를 많이 받아요. 하지만 평일에는 산에 사람이
적어서 어느 정도 적응하며 살아가고 있대요.
사는 곳과 담비의 수도 조금씩 늘어나고 있다고 해요.

담비가 산다는 것은 건강한 숲이라는 뜻이에요. 담비는
농사에 피해를 주는 고라니와 멧돼지를 사냥하기 때문에
사람에게도 도움이 되는 동물이에요. 담비와 함께 살기
위해서는 산과 숲이 망가지지 않도록 노력해야 해요.

작지만 강한
무산쇠족제비

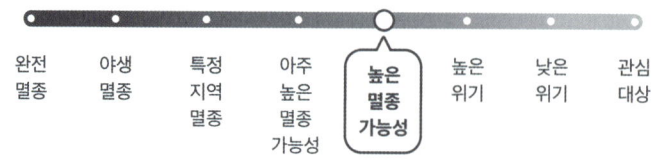

북한의 '무산'이라는 곳에서 처음 발견되었어요.
처음 발견된 곳의 이름인 '무산'과 작다는 뜻의
'쇠'를 합쳐 이름이 '무산쇠족제비'가 되었어요.

생김새 동물을 잡아먹는 포유류 중 가장 작아요. 머리에서 엉덩이까지 굵기가 같은데 몸통만 조금 가늘어요.

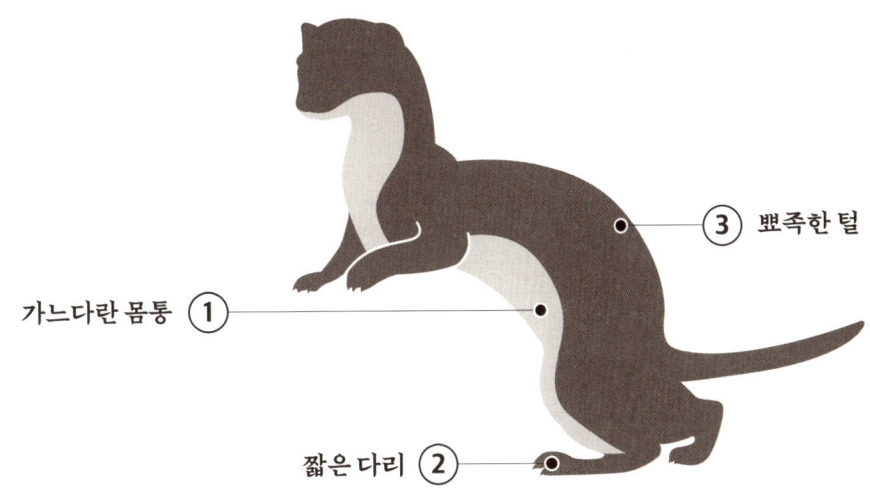

먹는 것 가장 많이 잡아먹는 것은 들쥐예요. 1년 동안 잡아먹는 들쥐가 2천~3천 마리 정도 돼요.

사는 곳 낮은 땅부터 높은 산까지 전국에 걸쳐 살고 있어요. 모든 환경에 잘 적응하지만 깊은 산속이나 사냥당하기 쉬운 탁 트인 곳은 싫어해요.

용감한 사냥꾼이에요

몸집은 작지만 아주 공격적이에요. 자기보다 3배 이상 큰 동물을 아무렇지도 않게 사냥하기도 해요. 한번 사냥하기로 마음먹으면 쉽게 포기하지 않기 때문에, 도망가는 새를 타고 날아가는 모습이 찍힌 사진도 있어요.

병을 옮기는 쥐를 잡아먹어요

쥐가 쥐구멍 속에 숨어도 무산쇠족제비는 작고 날쌘한 몸으로 굴속까지 쫓아가요. 쥐들에게 무산쇠족제비는 저승사자 같은 존재예요. 하지만 사람에게는 도움이 되는 동물이에요. 무산쇠족제비가 위험한 병을 옮기는 쥐를 잡아먹기 때문이죠.

쥐약 때문에 사라지고 있는 무산쇠족제비를 지키기 위해 더 많은 정보가 필요해요

무산쇠족제비는 사람들이 쥐를 없애려고 놓은 쥐약 때문에 사라지고 있어요. 무산쇠족제비가 주로 먹는 먹이가 쥐인데 쥐가 없어지니 먹을 게 없어 살기 힘든 거죠. 또 쥐약을 먹은 쥐를 무산쇠족제비가 먹으면서 쥐약 때문에 죽기도 해요.

무산쇠족제비는 몸이 작고 행동이 빨라 사람들 눈에 잘 띄지 않아요. 가끔 보게 되더라도 족제비의 새끼라고 생각하는 경우가 많아요. 그래서 어떤 이유로 왜 멸종위기에 처했는지 이유를 정확히 알 수 없어요. 우선 무산쇠족제비가 사는 곳을 지키면서 무산쇠족제비가 어떤 특징을 가졌는지 더 많은 정보를 얻기 위해 노력해야 해요.

둥지를 가로채서 사는

하늘다람쥐

완전 멸종 | 야생 멸종 | 특정 지역 멸종 | 아주 높은 멸종 가능성 | 높은 멸종 가능성 | **높은 위기** | 낮은 위기 | 관심 대상

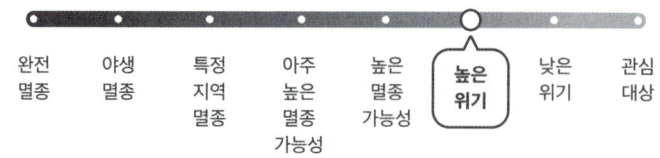

하늘다람쥐는 보통 딱따구리가 파 놓은 나무 구멍에서 겨울을 보내요. 다른 새가 둥지로 사용하는 나무 구멍을 빼앗기도 하고요. 가끔 벌집에서 살기도 하는데 벌집이 나무 구멍보다 훨씬 따뜻하대요.

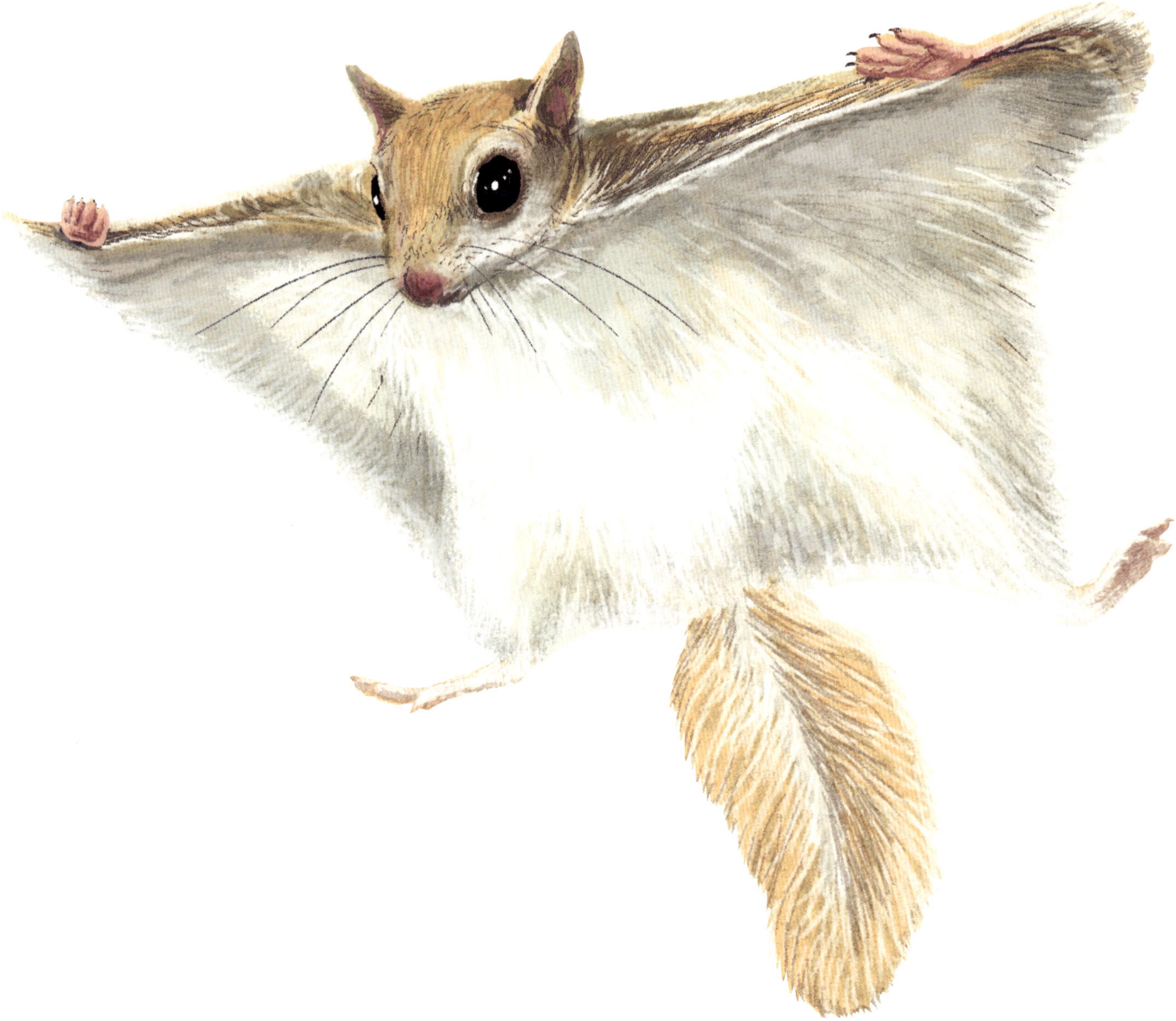

생김새 몸 색깔은 나무껍질의 색과 비슷해서 나무에 달라붙어 있으면 잘 보이지 않아요.
큰 눈과 풍성한 꼬리 덕에 귀여워 보여요.

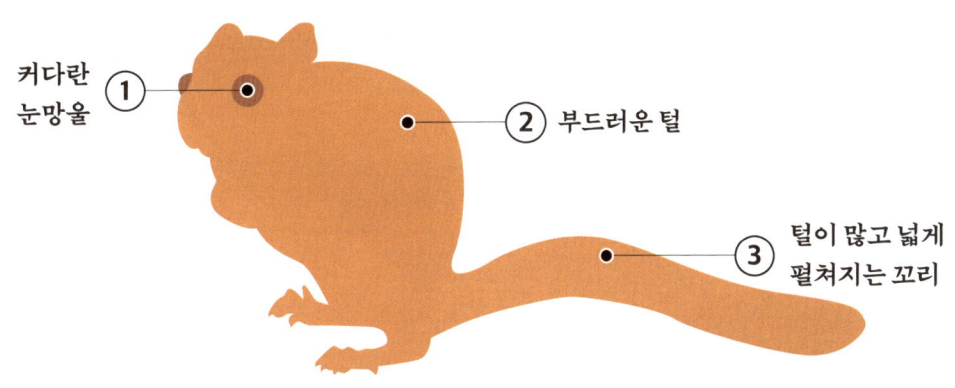

① 커다란 눈망울
② 부드러운 털
③ 털이 많고 넓게 펼쳐지는 꼬리

먹는 것 봄부터 여름까지는 나무의 어린잎과 곤충을 먹고 살아요.
가을이 되면 밤, 호두, 잣 같은 열매를 먹고요. 먹이는 대부분 나무 위에서 먹어요.

나무의 어린잎   밤
호두   잣

사는 곳 나무가 알맞게 자란 산에서 살아요.
사시나무, 자작나무, 오리나무가 있어서
낙엽이 많고 먹이를 구하기 쉬운 곳이
하늘다람쥐가 살기 좋은 곳이에요.

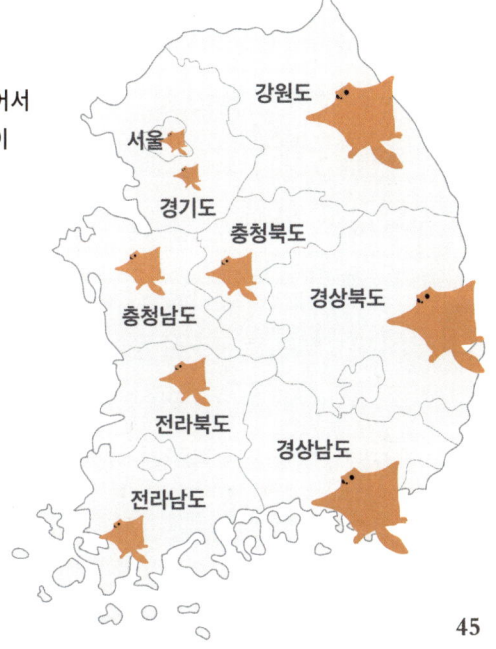

밤에 활동하고 겨울잠을 자지 않아요

하늘다람쥐는 대부분 밤에 활동해요.
커다란 눈망울이 있어서 깜깜한 밤에도 앞을 잘 볼 수 있어요.
또 겨울잠을 자지 않아 겨울에도 먹이를 구해야 해요.
먹이가 부족한 겨울을 대비해 가을에 먹이를 충분히 먹고
둥지에서 휴식을 하거나 잠을 자요.

북한에서는 하늘다람쥐를
날다람쥐라고 불러요

하늘다람쥐는 땅으로 거의 내려오지 않고
나무에서 나무로 이동해요. 앞다리와
뒷다리 사이에 연결된 막이 있는데
막을 펼치고 이동하는 모습이 마치 하늘을 나는
것처럼 보여요. 하지만 절대로 하늘을 나는
것은 아니에요. 나무의 윗부분에서 막을 펼치고
점프를 하며 미끄러져 내려오는 것이죠.

하늘다람쥐가 살 수 있는
둥지를 만들어 줘야 해요

도로가 많아지면서 하늘다람쥐는 살기 어려워졌어요.
도로는 사람들이 다니는 데는 편리하지만, 하늘다람쥐가
건너거나 생활하기에는 너무 불편하기 때문이죠.
그럴 때는 도로 옆에 큰 나무를 심거나 높은 막대를 설치하면
하늘다람쥐가 나무나 높은 막대에 올라가 도로를 건널 수 있어요.

숲속의 나무를 베면 하늘다람쥐가 살 나무 둥지가 없어져요.
나무 둥지가 부족할 때는 하늘다람쥐가 편하게 지낼 수 있는
둥지를 만들어 줘야 해요.
또한 하늘다람쥐가 어디에서 어떻게 살고 있는지,
무엇을 좋아하는지 계속 연구하고 조사해야 해요.

긴 부리로 물을 휘휘 젓는
저어새

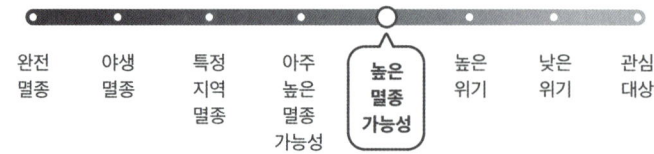

완전 멸종 | 야생 멸종 | 특정 지역 멸종 | 아주 높은 멸종 가능성 | **높은 멸종 가능성** | 높은 위기 | 낮은 위기 | 관심 대상

저어새가 사라진 이유는 여러 가지가 있지만, 그중 살충제*로 인한 환경 오염이 가장 큰 이유예요. 살충제는 새가 낳은 알의 껍데기를 얇게 만들어요. 알의 껍데기가 얇으면 알을 품기 어려워 새끼를 제대로 키울 수가 없대요.

• **살충제**: 곤충을 죽이는 약

생김새 부리 위에 난 주름은 사람의 지문처럼 저어새마다 다르게 생겼어요.
짝짓기할 때가 되면 가슴에 노란색 띠, 머리 뒤쪽에 노란색 깃털이 돋아나요.

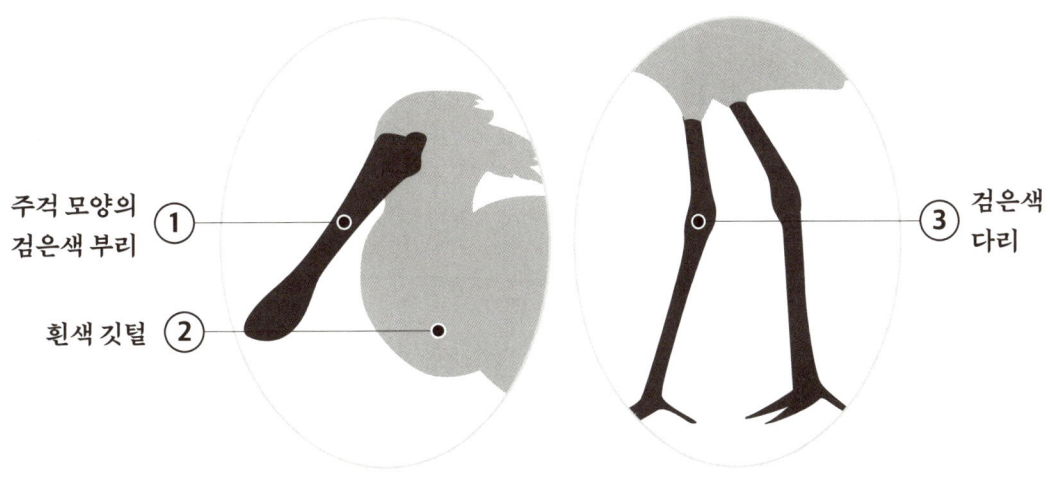

① 주걱 모양의 검은색 부리
② 흰색 깃털
③ 검은색 다리

먹는 것 새끼가 있는 어미 저어새는 소화시킨 먹이를 뱉어 새끼에게 먹여요.

작은 물고기   올챙이

개구리   게

사는 곳 짝과 함께 절벽이나 풀, 나무가 있는 땅에 둥지를 만들고 살아요. 짝짓기를 하고 둥지를 만드는 데 1주일이 걸려요.

임진강 하구, 서울, 강원도, 경기도, 충청북도, 충청남도, 경상북도, 전라북도, 낙동강 하구, 경상남도, 전라남도, 성산포, 제주도

날씨에 따라 사는 곳이 달라요

대부분의 저어새가 우리나라 서해 바다에 있는
무인도에서 새끼를 낳는다고 해요. 봄에 우리나라에
와서 새끼를 낳고 늦가을에 대만, 홍콩, 베트남 등으로
가요. 따뜻한 곳을 찾아다니며 사는 거죠.

부리를 휘휘 저어요

부리를 물속에 넣고 휘휘
저으면서 먹이를 잡아먹어요.
저어새의 부리는 길고
주걱 모양처럼 생겼어요.
부리를 휘휘 저으면서
작은 물고기, 게 등을 먹는대요.

튼튼한 둥지를 지을 수 있도록 도와줘야 해요

저어새가 새끼를 낳는 서해 바다 무인도에는 튼튼한 둥지를 만들 재료가 부족하대요. 둥지를 튼튼하게 만들 수 있도록 나뭇가지를 가져다주거나 흙과 돌로 안전한 집터를 만들어 줘야 해요. 또, 새끼가 태어날 시기에는 부드러운 풀과 잎을 가져다줘서 새끼가 잘 자라도록 돕고요.

살아 있는 동물을 사냥하는 새
참수리

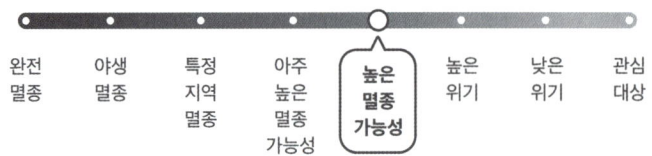

참수리는 날카로운 부리와 발톱을 갖고 있는 맹금류예요. 살아 있는 동물을 직접 사냥하는 맹금류 중에서 가장 커요.
날개를 펼치면 길이가 200센티미터를 넘어요.

생김새 부리는 위쪽이 뭉툭하게 튀어나와 있는데 앞에서 보면 눌린 것처럼 좁아 보여요.
부리 끝은 갈고리 모양이고 옆면이 칼날처럼 날카로워요.

커다란 노란색 부리 ①

② 갈고리 모양의 발톱

먹는 것 먹이를 구하기 어려운 겨울에는 죽은 동물을 먹기도 해요.

잉어

붕어

오리

기러기

사는 곳 참수리는 바닷가의 절벽이나 나무 위에 둥지를 지어요. 우리나라의 전 지역에 있는 바다, 강, 하구* 등을 돌아다니며 살아요.

• 하구: 강과 바다가 만나는 곳

수컷과 암컷이 함께 새끼를 돌봐요

4~5월에 보통 2개의 알을 낳아요. 암컷과 수컷이 돌아가며
알을 품는데 38~48일이 지나면 새끼가 태어나요.
암컷은 둥지 주변에 참수리를 잡아먹으려 하는 동물이 없는지
망을 봐요. 수컷은 새끼와 암컷을 위해 먹이를 구해 와요.

어릴 때부터 강하게 키워요

위험한 자연에서 살아남기 위해 참수리는 새끼를
강하게 키워요. 먼저 태어나 덩치가 큰 새끼는
동생을 공격해 다치거나 죽게 만들기도 해요.
어미는 먹이를 더 달라고 조르는 덩치 큰 새끼에게
주로 먹이를 주고요. 결국 힘없는 새끼는 죽고
1~2마리의 새끼만 살아남는다고 해요.

안전하고 깨끗한 자연을 돌려줘야 해요

사람들이 쏜 총의 납탄 때문에 참수리가 사라지고 있어요.
납탄은 납으로 된 총알인데, 납탄을 맞고 죽은 동물을
참수리가 먹으면 참수리의 몸에 납이 들어가요.
납이 몸 안에 쌓이면 건강이 나빠지고 새끼를
낳기 어려울 수도 있어요.
참수리가 둥지를 짓는 바닷가가 개발되어서 새끼를 낳고
기를 수 있는 장소도 줄어들고 있고요.

참수리가 살 수 있는 자연을 지키고,
참수리가 살 수 있는 공간을 만들어야 해요.
참수리를 다시 살리기 위해 연구하는 사람들이 있어요.
국립생태원 멸종위기종복원센터에서 3마리의 참수리가
자연으로 돌아갈 수 있도록 훈련을 받고 있대요.

행운을 가져다주는
황새

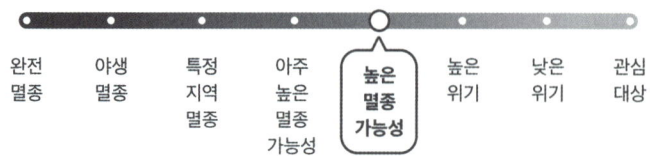

황새는 주로 물이 얕은 습지에 살아요.
논에서도 사는데, 쌀을 많이 만들기 위해
사용한 농약이 황새를 죽게 한대요.
또한 가뭄으로 인해 먹이가 사라지는 것도
황새를 죽게 해요.

생김새   눈 주위가 붉어요. 부리가 30센티미터 정도로 아주 길고요.

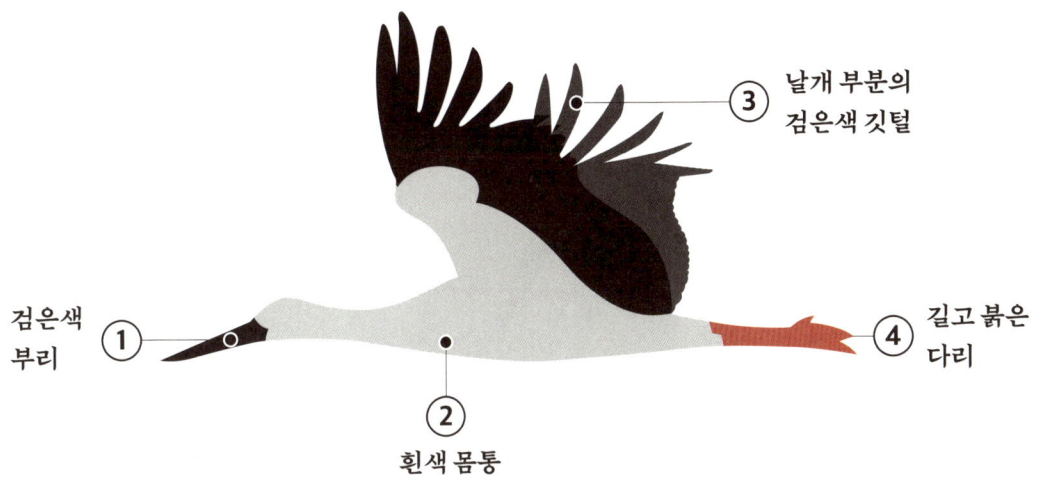

먹는 것   물고기부터 곤충까지 다양한 동물을 먹어요.

사는 곳   논처럼 물이 얕은 땅에 살아요. 물 깊이가 30센티미터 정도 된다고 해요.

새끼를 낳을 때 모여 살아요

새끼를 낳을 때가 되면 여러 황새가 모여 살며 다른 동물들이 오지 못하게 해요. 12월에 짝짓기를 하고, 2월에 3~4개의 알을 낳고, 31~35일 동안 알을 품어요. 보통 둥지와 둥지 사이를 1~4킬로미터 정도 띄우고 새끼를 키운다고 해요.

행운을 가져다주는 새로 유명해요

많은 나라에서 황새는 행운을 가져다주는 새로 알려졌어요. 황새가 '아기'를 물어다 주는 옛날 이야기가 담긴 그림, 만화, 엽서 등이 많이 있어요. 오래도록 전해 온 이야기처럼 지금도 사람들은 황새가 찾아오면 반갑게 맞이해요.

황새도 살리고 농사도 잘 지을 수 있는 방법을 찾아야 해요

우리나라에 살던 황새는 1970년대에 모두 사라졌어요. 1996년부터 외국에 있는 황새를 우리나라에 데려와서 키우기 시작했어요. 그러다 2015년부터는 사람들이 키운 황새를 자연으로 돌려보내기 시작했어요. 다시 살기 시작한 황새들은 주로 논이 많은 충청남도와 전라도에 살고 있어요.

어렵게 돌아온 황새가 다시 사라지지 않게 하기 위해서는 사람과 황새의 관계가 중요해요. 논에 농사를 잘 지으려면 농약을 써야 하는데 농약은 황새를 살기 힘들게 하거든요. 그래서 사람들은 농약을 적게 쓰는 방법을 연구하고 있어요. 우리나라뿐만 아니라 일본, 러시아, 중국도 황새의 멸종을 막기 위해 노력하고 있어요.

잡아먹히지 않기 위해 둥지를 떠나는
검은머리갈매기

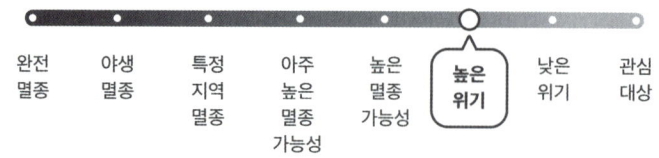

검은머리갈매기를 잡아먹으려는 동물들 때문에
둥지를 떠나 자주 이사를 한다고 해요.
남의 집에서 살다가 계약 기간이 끝나면 이사해야
하는 사람들처럼 새로운 집을 찾아 헤매고 있어요.

생김새 이름 그대로 번식기가 되면 머리가 검은색 깃털로 바뀌어요.
번식이 끝나면 다시 흰색 깃털로 돌아가요.

먹는 것 주로 갯벌에서 먹이를 얻어요. 갯벌 위를 낮게 천천히 날면서 잡거나,
천천히 걸어 다니며 잡아먹어요.

게   갯지렁이

사는 곳 갯벌이 있는 물가, 강 근처 등에서
여럿이 모여 살아요.
번식기인 4~6월에는
인천의 매립지˙에서 살아요.

• **매립지**: 돌, 흙으로 메운 땅

수컷이 암컷보다 강해요

수컷은 암컷보다 빨리 자라고 더 많이 움직이며 운동해요.
또한 수컷이 암컷보다 음식을 더 많이 먹고 자연에서 더 잘
살아남는다고 해요.

먹이를 먹는 곳과
사는 곳을 모두 잃었어요

검은머리갈매기는 갯벌에서 먹이를
구하고 매립지에 둥지를 만들어요.
그런데 사람들이 갯벌을 매립지로
만들고, 매립지에 공장이나 도시를
만들고 있어요. 검은머리갈매기가
먹이를 구하고 둥지를 만들 곳을
사람들이 없애 버린 거죠.

검은머리갈매기와 함께 살기 위해 많은 노력이 필요해요

검은머리갈매기가 점점 줄어들고 있어요. 그래서
검은머리갈매기의 둥지가 다른 동물들에게 공격받기 전에
사람들이 둥지의 알을 구조해요. 알에서 태어난 새끼를
잘 키우고, 다 자란 검은머리갈매기는 자연으로 돌려보내요.

하지만 검은머리갈매기가 편하게 잘 살 수 있는 환경을
만드는 것이 더 중요해요. 먹이가 풍부한 갯벌을 지켜야 하고,
다른 동물들로부터 안전한 매립지도 필요해요.
그러기 위해서는 사람들이 개발을 줄이고,
갯벌과 매립지를 보호하기 위해 노력해야 해요.

봄이 온 것을 알려 주는
금개구리

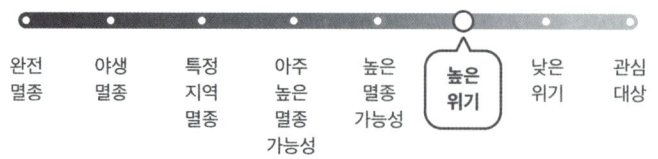

금개구리는 10월부터 땅속으로 파고들어 가 겨울잠을 자요. 겨울잠에서 깨어난 금개구리를 만나면 겨울이 가고 봄이 찾아왔다는 뜻이에요.

생김새 주변 환경에 따라 몸 색깔이 다양하게 바뀌어요. 수컷의 턱 아래에는 2개의 울음주머니가 있고, 수컷보다 암컷이 2~3배 더 커요.

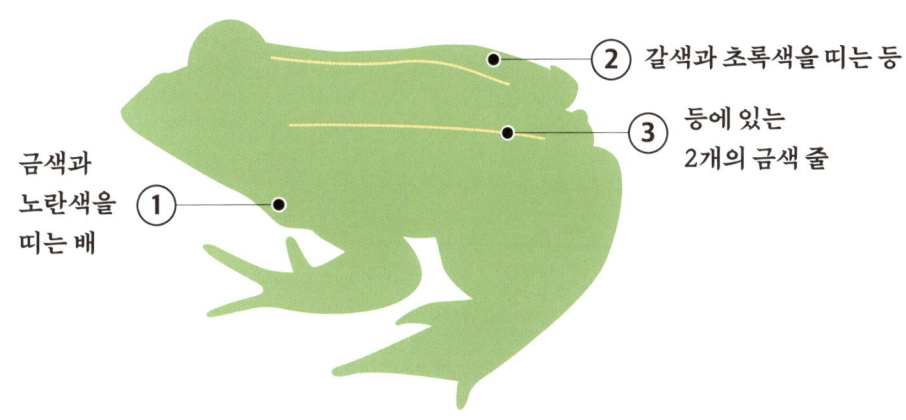

① 금색과 노란색을 띠는 배
② 갈색과 초록색을 띠는 등
③ 등에 있는 2개의 금색 줄

먹는 것 주로 파리, 벌, 메뚜기와 같은 곤충을 잡아먹어요. 가끔은 송사리, 개구리도 먹는다고 해요.

벌 파리 거미
개구리 송사리

사는 곳 인천, 경기도, 충청북도, 충청남도, 전라북도 등에 살아요. 주로 농사짓는 땅, 습지, 저수지 등의 풀이 많은 곳에서 살아요.

이동하지 않고 같은 장소에서 살아요

금개구리가 하루에 얼마만큼 이동하는지 연구를 했어요.
연구 결과, 금개구리는 하루에 10미터도 안 되는 거리만 이동한대요.
다른 동물에 비하면 거의 이동하지 않고
매일매일 거의 같은 장소에 머물고 있는 거예요.

물속에 낳은 알에서
새끼가 태어나요

4월에 겨울잠에서 깨어난 금개구리는
5~7월까지 살던 곳에서 그대로
알을 낳아요. 알은 여러 번에 걸쳐
6백~1천 개를 낳아요.
물속에 있는 알이 시간이 지나면서
올챙이가 되고, 올챙이가 자라서
금개구리가 돼요.

사람의 활동 지역에 살면서
사라지게 되었어요

금개구리가 사는 지역은 사람이 활동하는 곳과 거의 같대요.
사람들이 주는 피해를 금개구리가 그대로 받는 거죠.
금개구리가 주로 사는 논에는 사람들이 뿌린 농약이 있고,
농사짓는 땅을 개발해서 살 곳이 없어졌어요. 도로를 만들거나
물이 오염되는 것도 금개구리를 살기 힘들게 하죠.

금개구리뿐만 아니라 다른 종류의 개구리, 두꺼비 등도
잘 살 수 있도록 이제라도 환경이 오염되지 않도록
노력해야 해요.

하늘소 중에 가장 몸집이 큰
장수하늘소

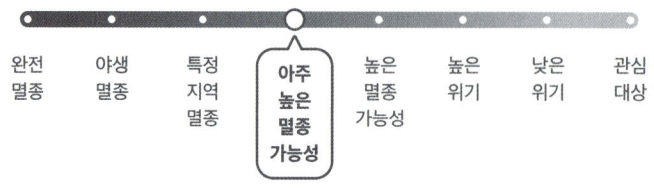

장수하늘소는 식물의 꽃가루를 옮겨 열매를 맺게 해요. 오래된 나무를 파먹어 나무가 흙으로 돌아가도록 돕기도 하고요. 몸 색깔이 화려하고 긴 더듬이를 갖고 있어서 사람들에게 많은 관심을 받아요.

생김새   장수하늘소는 다른 하늘소들보다 몸길이가 길어요. 더듬이 길이는 몸길이보다 짧아요.

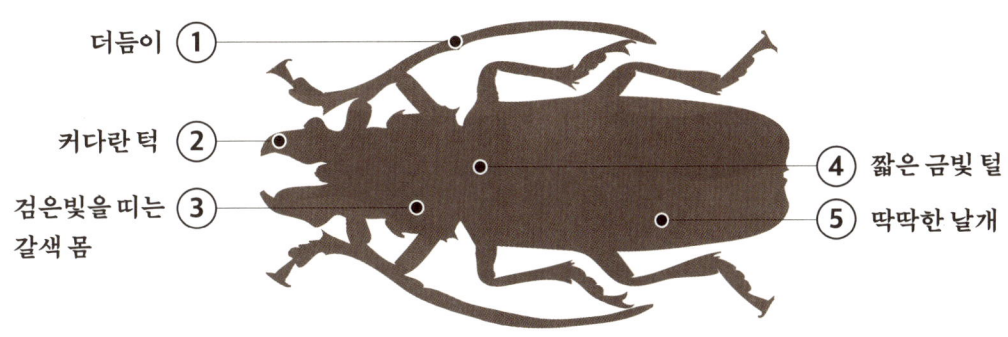

① 더듬이
② 커다란 턱
③ 검은빛을 띠는 갈색 몸
④ 짧은 금빛 털
⑤ 딱딱한 날개

먹는 것   애벌레일 때는 나무의 속과 껍질을 파먹고 자라요.
다 자란 장수하늘소는 참나무 안의 액체를 빨아 먹어요.

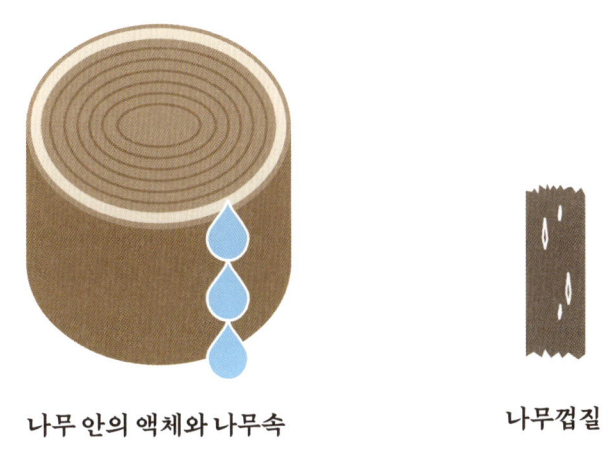

나무 안의 액체와 나무속   나무껍질

사는 곳   나무가 많은 숲에서 주로 살아요. 현재 우리나라에서는 경기도 포천에 있는 광릉숲에서만 장수하늘소를 볼 수 있대요.

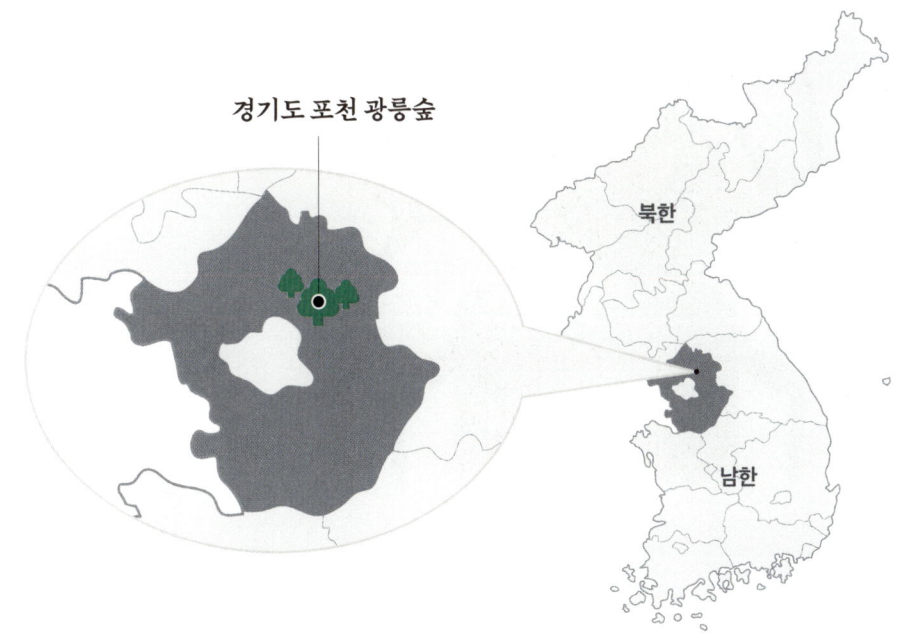

경기도 포천 광릉숲

북한
남한

69

나무껍질 틈에 알을 낳아요

나무껍질 틈에 낳은 알에서 30~35일이 지나면 애벌레가 깨어나요. 애벌레는 나무 안쪽으로 파고들어 가 그 안에서 5~7년 동안 살아간대요. 이후 1달 정도 번데기로 살다가 4~9월에 어른 장수하늘소로 활동하게 돼요.

사슴뿔 모양의 커다란 턱이 있어요

장수하늘소 수컷의 큰턱은 가위처럼 양옆으로 갈라져 있어요. 큰턱이 위쪽으로 구부러져 있어서 사슴뿔 모양처럼 보여요. 암컷의 턱은 수컷의 턱보다 작고, 암컷의 더듬이도 수컷의 더듬이보다 짧아요.

환경 오염을 막고 숲을 깨끗하게 지켜 줘야 해요

우리나라에는 장수하늘소가 살 수 있는 좋은 숲이 부족해요.
장수하늘소가 잘 살려면 오래된 큰 나무가 필요한데 한반도의
기온이 점점 높아져 장수하늘소가 살 수 있는 숲이 점점
줄어든대요.

장수하늘소는 환경의 영향을 많이 받는 곤충 중 하나예요.
그래서 장수하늘소에게는 나무가 많고 깨끗한 숲이 필요해요.
지금 우리나라에서는 장수하늘소를 다시 살리기 위한 연구를
하고 있어요. 강원도의 국립공원에 장수하늘소를 풀어놓고
잘 살 수 있는지 확인하고 있어요. 장수하늘소가 살기 좋은
숲을 만들기 위해 모두 함께 노력해야 해요.

똥을 굴려 자연을 청소하는
소똥구리

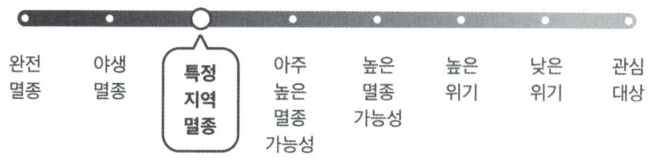

소똥을 먹고 살아 소똥구리라고 불러요.
소똥구리는 동물의 똥을 굴리면서 자연을
청소해요. 소똥구리 덕에 땅이 건강해져요.

생김새 몸은 광택이 없는 검은색이에요. 몸 전체에 작은 점무늬가 있어요.

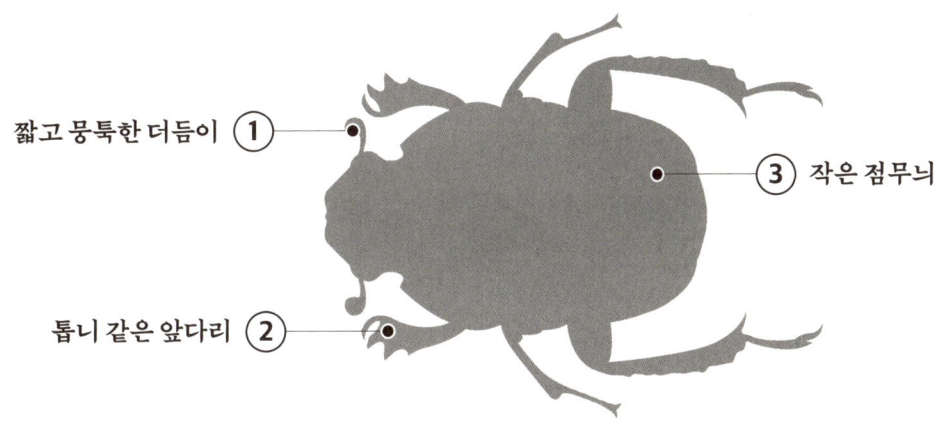

짧고 뭉툭한 더듬이 ①
② 톱니 같은 앞다리
③ 작은 점무늬

먹는 것 소, 말, 양 등 풀을 먹고 사는 큰 동물의 똥을 먹어요.
필요한 영양분을 모두 똥에서 얻어요.

똥

사는 곳 오래전에는 제주도를 포함한 한반도에서 쉽게 볼 수 있는 곤충이었어요.
하지만 마지막으로 발견된 1971년 이후에는 모습을 찾아 볼 수 없대요.

여러 종류의 소똥구리가 있어요

똥 속에서 살아가는 소똥구리, 똥 아래에 굴을 파는
소똥구리, 똥을 동그랗게 굴리는 소똥구리,
이렇게 살아가는 방식에 따라 여러 종류의 소똥구리가 있어요.

날개로 날 수 있어요

물구나무 자세로 똥을 굴리는
소똥구리의 모습이 가장 익숙하지만
소똥구리도 날 수 있어요.
어딘가에 신선한 똥이 나타나면
재빨리 날아가요.

사람들의 사는 방식이 바뀌어야 소똥구리가 돌아올 수 있어요

오래전 농촌에서 쉽게 볼 수 있었던 소똥구리를 지금은 볼 수 없게 되었어요. 농사를 짓는 방식이 많이 바뀌었기 때문이죠. 풀밭에 풀어놓고 기르는 소, 말이 줄어들면서 소똥구리의 먹이도 점점 줄었고요.

소똥구리를 다시 살리기 위해서는 소, 말을 풀밭에 풀어놓고 키울 수 있는 환경이 먼저 만들어져야 해요.

개미들과 함께 사는

쌍꼬리부전나비

완전 멸종 | 야생 멸종 | 특정 지역 멸종 | 아주 높은 멸종 가능성 | 높은 멸종 가능성 | **높은 위기** | 낮은 위기 | 관심 대상

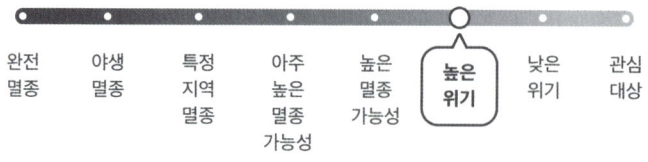

쌍꼬리부전나비는 짝짓기 후 6~7월에 나무나 바위틈에 알을 낳아요. 알이 애벌레로 변하면 개미•가 와서 애벌레를 집으로 가져가요. 애벌레는 개미가 물어다 준 먹이를 먹고 자라요.

• 마쓰무라꼬리치레개미

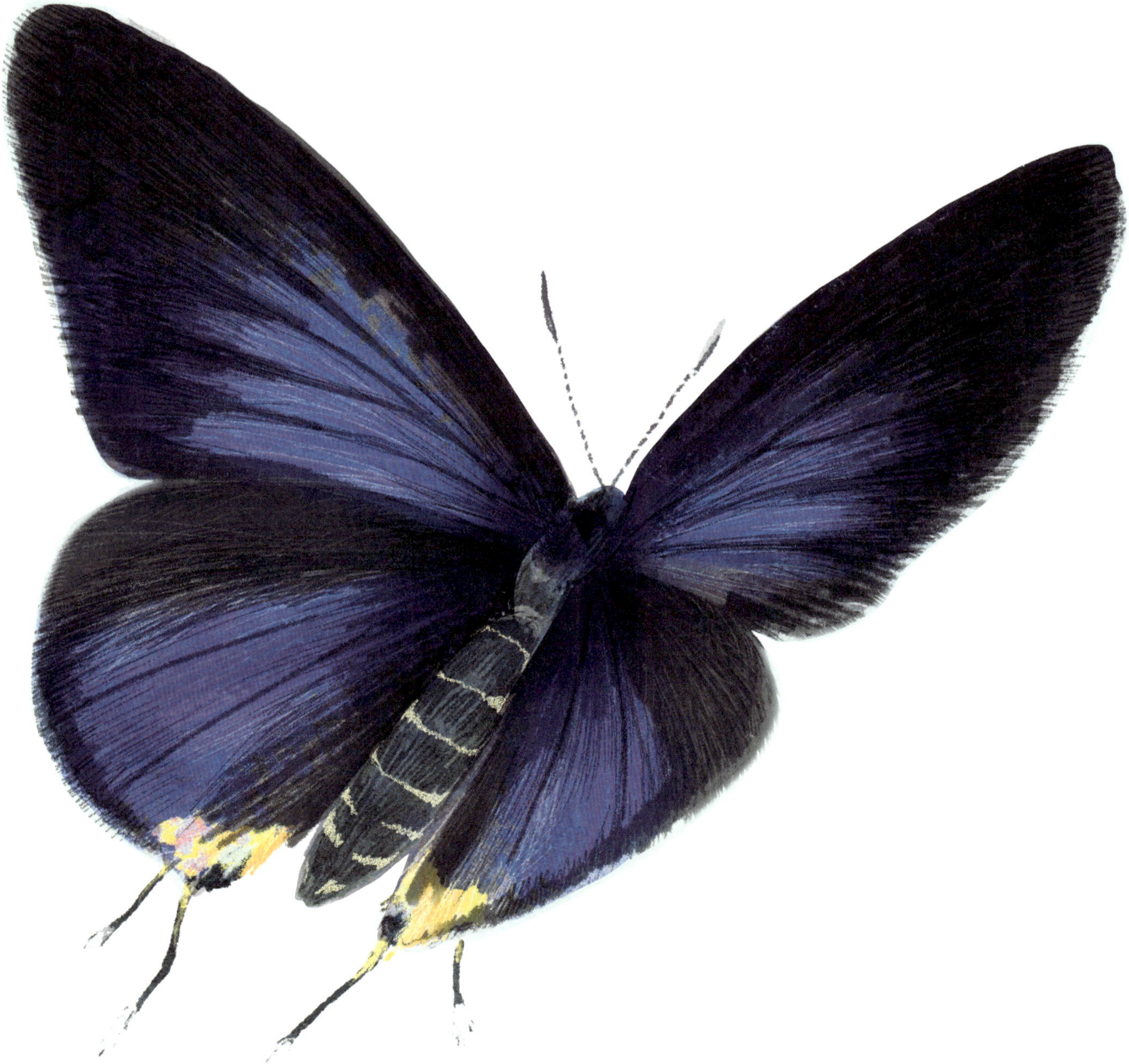

생김새 다른 나비들보다 몸집이 작은 편이에요. 햇빛이 닿은 수컷의 날개는 보라색으로 보여요. 암컷의 날개는 색이 화려하지 않고 어두운 갈색이에요.

① 더듬이처럼 보이는 꼬리돌기

② 검은색 점무늬

먹는 것 풀이나 나무의 꽃에 있는 꽃가루와 꿀을 먹어요.

꿀 꽃가루

사는 곳 서울, 경기도, 강원도, 충청북도 등에 살고 있어요. 주로 낮은 산속 숲에 사는데, 그중에서도 나무가 적어 햇볕이 잘 드는 곳을 좋아해요.

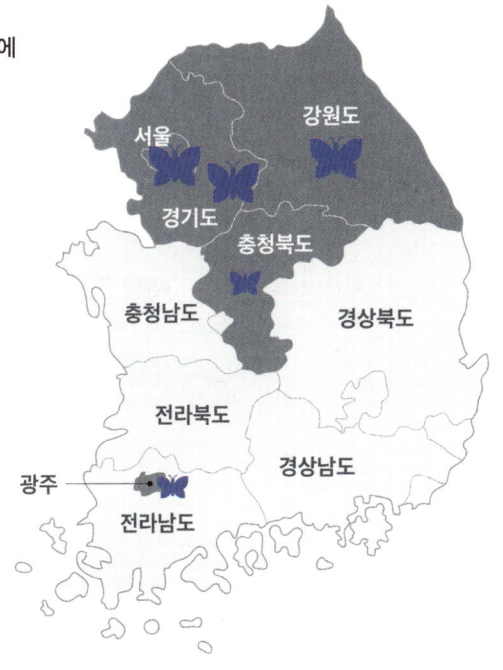

꽃가루를 옮겨 열매를 맺게 해요

쌍꼬리부전나비는 꽃가루, 꿀과 같은 먹이를 찾아다니다 몸에 꽃가루를 묻혀요. 이 꽃가루를 다른 식물에 옮겨 열매가 맺히게 되는 거죠. 우리가 즐겨 먹는 사과, 복숭아, 아몬드, 호박, 딸기 등은 이런 나비의 노력으로 맺은 열매예요.

꼬리의 돌기가 스스로를 지켜요

쌍꼬리부전나비는 뒷날개 끝부분에 뾰족하게 나와 있는 꼬리돌기가 2개 있어요. 이 돌기는 적의 사냥을 방해해서 스스로를 지키는 데 도움이 돼요.

쌍꼬리부전나비를 위해 개미를 살려야 해요

쌍꼬리부전나비와 개미는 아주 가까운 관계예요.
개미가 쌍꼬리부전나비의 애벌레를 돌보고,
개미는 애벌레에서 나오는 달콤한 액체를 먹으며 살아요.
개미가 없다면 쌍꼬리부전나비의 애벌레는 적으로부터
공격을 받아 살아남기 힘들어요.

그래서 쌍꼬리부전나비를 지키기 위해서는 개미가
잘 살 수 있도록 만들어 줘야 해요.

평생을 물속에서 사는
물거미

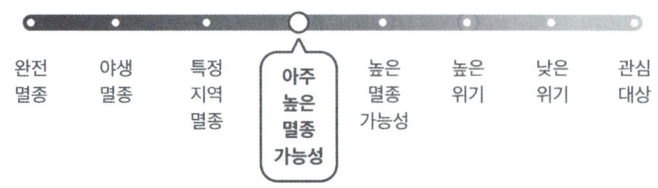

물거미가 물속에서 지낼 수 있는 건
공기 주머니를 만들 수 있기 때문이에요.
공기 주머니 안에서 숨을 쉬고 짝짓기를 해요.
또 알을 낳고 새끼를 키우기도 하고요.
겨울에는 공기 덕에 얼지 않을 수 있기 때문에
주머니 안에서 살아요.

생김새   보통 거미는 암컷이 수컷보다 훨씬 크지만, 물거미는 반대로
수컷이 암컷보다 조금 더 커요.

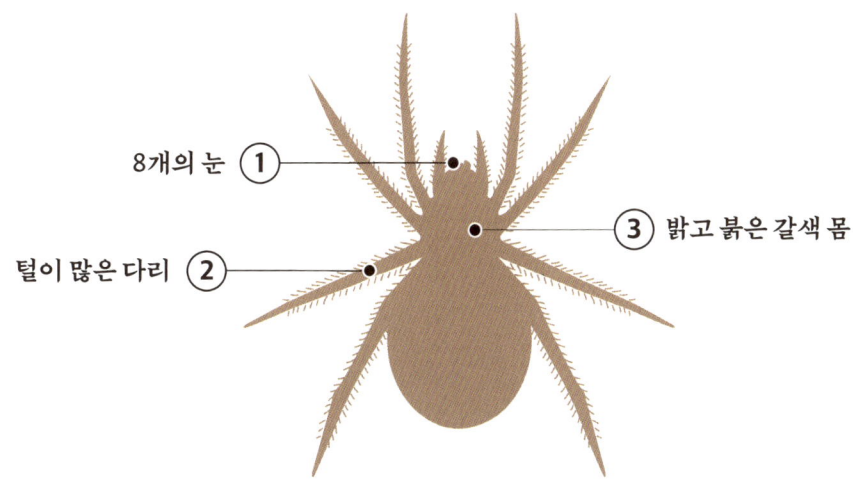

① 8개의 눈
② 털이 많은 다리
③ 밝고 붉은 갈색 몸

먹는 것   물속에서 수영을 하거나 물속 바닥을 기어 다니면서 사냥을 해요.
먹이가 없을 때는 물거미끼리 서로 잡아먹거나 죽은 먹이를 먹기도 해요.

새우   실잠자리 애벌레   작은 물고기

사는 곳   깊지 않은 물속의 풀 사이에서 살아요.
그곳에서 먹고, 자고, 새끼를 낳아 키워요.
우리나라에서는 경기도 연천군에서만 살고
있대요.

연천군

서울, 강원도, 경기도, 충청북도, 충청남도, 경상북도, 전라북도, 경상남도, 전라남도

튼튼한 거미줄을 가졌어요

물거미는 물속에서 거미줄을 치며 땅에서 사는 거미와 비슷하게 살아요. 물풀이나 돌에 거미줄을 치는데 물거미의 거미줄은 다른 거미의 거미줄보다 튼튼하다고 해요.

털로 공기 방울을 만들어요

물거미는 물속에 사는 다른 곤충과 달리 물속에서 숨을 쉴 수 없어요. 대신 머리가슴과 배, 다리에 있는 털들이 공기 방울을 만들고, 공기 방울을 모아서 공기 주머니를 만들어요.

물거미에게는 습지가 필요해요

물거미가 사는 곳에는 항상 물이 있어야 하고,
물 깊이는 50~60센티미터로 얕은 편이에요.
날씨가 변하면서 습지는 줄어들고 육지가 늘어나고 있어요.
습지를 지키기 위해서는 사람들에게 많이 알려야 해요.

경기도 연천의 물거미가 살고 있는 지역이 중요하다는 것을
사람들에게 널리 알리는 거죠.

우리나라에만 살고 있는
참달팽이

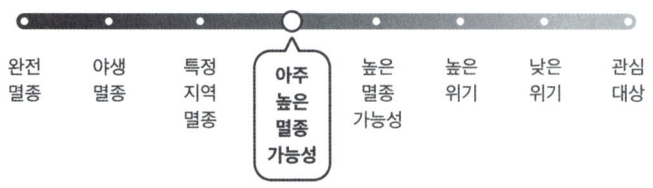

참달팽이는 독일의 한 연구자가 전라남도 신안군의 섬에서 처음 발견했어요. 외국에서는 살지 않기 때문에 완전한 우리나라 달팽이죠. 육지와 멀리 떨어진 홍도, 하태도라는 섬에서만 살아요.

생김새 껍질이 2~3센티미터 정도로 아주 작아요. 참달팽이마다 껍질의 색깔이 다른데, 껍질이 노란색인 참달팽이, 껍질이 붉은 갈색인 참달팽이도 있어요.

① 둥글게 말려 있는 단단한 껍질
② 근육으로 이루어진 발
③ 더듬이 끝에 달린 눈

먹는 것 식물의 잎을 갉아 먹어요. 낙엽이나 흙에 묻은 곰팡이도 같이 먹어요.

나뭇잎   나뭇잎에 묻은 곰팡이   흙에 묻은 곰팡이

사는 곳 바다 한가운데 섬에서 살지만 바닷가와 떨어진 곳의 돌담길이나 집 주변의 풀숲에 숨어 살아요. 햇빛을 싫어하고 물기가 많은 곳을 좋아해요. 낮에는 햇빛을 피해 그늘진 곳에 숨어 있다가 비가 내리면 나와서 돌아다녀요.

독특한 방법으로 짝짓기를 해요

참달팽이는 암컷과 수컷이 따로 구분되어 있지 않고 한몸에 있어요. 하지만 스스로 알을 만들지는 못해서 다른 달팽이와 함께 알을 만들어요. 짝짓기 전에 상대를 유혹하는 행동을 2시간에서 12시간까지 오래 한대요.

매우 느리게 움직여요

참달팽이의 발은 근육으로 되어 있어요. 이 근육이 움직이는 건 유리창이나 투명한 곳을 기어 다닐 때 볼 수 있어요. 발에서 끈끈한 액체가 나오는데 이 액체 덕에 날카로운 모서리를 기어 다녀도 다치지 않는다고 해요.

참달팽이를 살리기 위한 사람들의 노력이 필요해요

참달팽이는 사람들 때문에 사라지고 있어요. 농사를 짓기 위해 땅을 일구거나 농약을 뿌리는 것 때문에 죽기도 하고요. 비 오는 날 사람들한테 밟혀서 죽기도 한대요.

참달팽이는 우리나라에서만 살고 있어요. 홍도와 하태도라는 섬에서만 발견되었대요. 만약 이곳에서 참달팽이가 사라진다면, 세상 어디에서도 다시는 참달팽이를 만나지 못하게 될지도 몰라요.

왜 야생동물의 멸종을 막아야 할까요?

모든 야생의 생물들은 생태계에서 자신의 역할을 다하며 살고 있어요.

한 종류의 생물이 멸종하면, 관계가 있는 다른 생물들과 생태계 전체에 나쁜 영향을 끼쳐요. 결국 사람도 그 영향을 피할 수 없어요.

도토리가 열리는 참나무가 멸종하면 무슨 일이 일어날까요?

도토리와 참나무 수액을 먹는 동물들, 도토리와 참나무에 알을 낳는 곤충들이 생태계에서 사라지게 될 거예요. 이 동물들과 곤충들을 먹으면서 살던 생물들, 도움을 주고받던 생물들도 함께 위기에 처하게 될 거예요. 뿐만 아니라 우리가 예상하지 못한 다른 심각한 문제들이 생길 수도 있어요.

야생동물들은 긴 시간이 흐르면서 자연적으로 멸종되기도 해요.
그런데 수백 년 전부터 갑작스러운 기후 변화나 생태계 파괴
등의 이유로 야생동물들이 빠르게 멸종되고 있어요. 사람이 주는
영향도 큰 이유예요. 야생동물을 함부로 잡고, 오염 물질을 내뿜고,
야생동물의 사는 곳을 파괴하고 있거든요.

생태계가 건강해야 사람도 살 수 있어요. 멸종위기 야생동물을
지켜야 하는 이유이기도 해요. 앞으로 자연과 사람이 함께 잘 살
수 있는 세상을 만들기 위해 많은 연구와 많은 사람들의 관심이
필요해요.

우리가 지금이라도 노력하면 지킬 수 있어요!

동물의 몸길이

물거미와 소똥구리는 몸길이가 1센티미터 정도로 아주 작아요.
아무르호랑이는 물거미와 소똥구리보다 200배 정도 큰데,
아주 큰 아무르호랑이는 몸길이가 거의 3미터나 돼요.

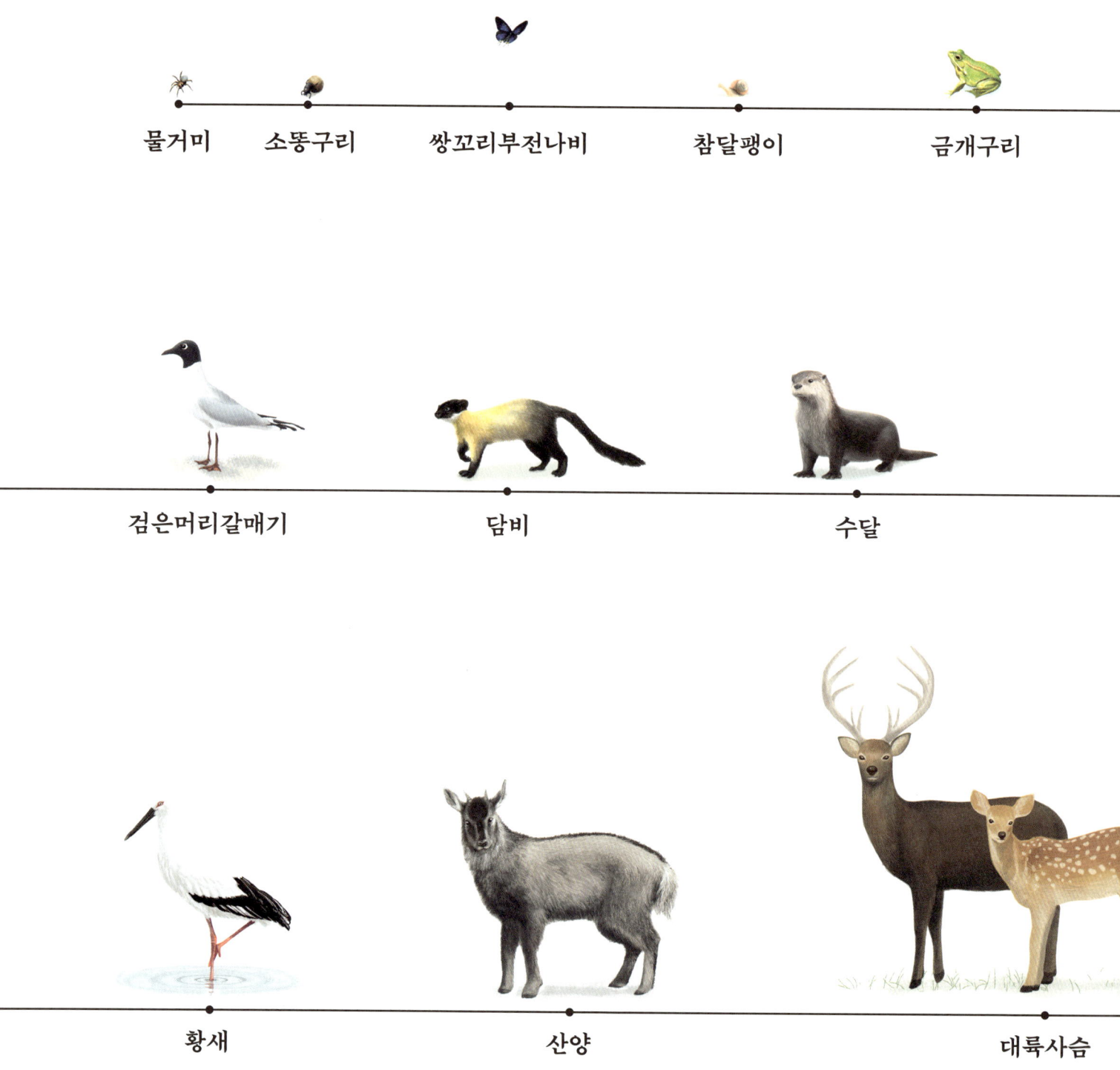

원본 도서 집필 및 감수

대륙사슴, 사향노루, 수달, 무산쇠족제비 • 박용수
박쥐 • 윤광배
산양, 하늘다람쥐 • 이배근
한국표범, 아무르호랑이 • 임정은
담비 • 최태영
저어새 • 권인기
참수리 • 강승구
황새, 검은머리갈매기 • 윤종민
금개구리 • 윤주덕
장수하늘소, 소똥구리 • 김홍근
쌍꼬리부전나비 • 김영중
물거미 • 장금희
참달팽이 • 박종대

쉬운 정보 감수에 참여한 사람

김선교, 김유리, 김은비, 송상원, 이주형

우리 곁에서 사라져 가는 멸종위기 야생동물 쉬운 글과 그림으로 보는 자연 이야기

발행일 2021년 12월 29일 초판 1쇄 발행, 2025년10월 2일 초판 8쇄 발행 / **엮음** 국립생태원
본문구성·진행 소소한소통 (쉬운 글 백정연 · 편집 반재윤 · 그림 전여정 · 디자인 홍사강) | **참고 이미지 제공** 강승구, 윤광배
발행인 이창석 | **책임편집** 유연봉 | **편집** 이진원
발행처 국립생태원 출판부 | **신고번호** 제458-2015-000002호(2015년 7월 17일)
주소 충남 서천군 마서면 금강로 1210 | **홈페이지** www.nie.re.kr | **문의** 041-950-5999 | **이메일** press@nie.re.kr

ⓒ국립생태원 National Institute of Ecology, 2021
ISBN 979-11-6698-045-9 14400
ISBN 979-11-90518-20-8 (세트)

이 책에 실린 모든 글과 그림을 저작권자의 허락 없이 무단으로 사용하거나 복사하여 배포하는 것은 저작권을 침해하는 것입니다.

조심하세요
책을 던지거나 떨어뜨리면 다칠 수 있으니 조심하세요.
온도가 높거나 습기가 많은 곳, 햇빛이 바로 닿는 곳에는 책을 두지 마세요.